ウエカツさん直伝！

子どもが食いつく

魚レシピとヒミツ

著者：上田勝彦

メイト

はじめに

みなさん、ちょっと考えてみてください。

魚を食べるの、嫌いですか？

外食店では、魚を食べることができるお店が増えていますね。飲食業界で、魚は人気なのです。

減ったのは、家庭の消費量。つまり、魚は、かつてのふだんのおかずから、外で食べるもの、いわば「嗜好品」になりつつあるといえます。

スーパーマーケットの魚売り場でじーっと見ていますと、魚のパックをよく買っていくのは推定60歳以上の方々。30〜60代の方々も、たまには手にしています。30歳以下は、あまり買っていませんね。

この30〜60代の年齢層は、魚のおいしさは知っているけれど、調理法がわからないから外で食べることが多い人たちです。その子どもである30歳以下になると、食べる魚の種類も回数もさらに減ります。こういう外でしか魚を食べない親の子どもが、将来家庭

で魚を食べるでしょうか？　容易に想像ができますね。

　つまり、これは日本人と魚との距離がとても開いてしまったということです。米や野菜、肉に比べ、魚は水の中。そもそも身近ではない。身近でないものについて知識を伝え、距離を縮めてくれるのが「人」なんです。魚やさんがやたら威勢がよくておしゃべりなのは、ほうっておけば身近ではない魚の食べ方などを伝えながら売ってきたからです。しかし、この20年間で1,000軒もの魚やさんが廃業しています。

　こんな時代にあって、子どもたちに日本の食の要である魚のよさを伝えることができるのは、園で働くみなさんだと私は思っています。この本を読んでいただき、一つでも二つでも、子どもたちや保護者に伝えたいと思うことがあってほしいと、願っています。

魚の伝道師
上田 勝彦

CONTENTS

はじめに ……………………………………………………………… 2

1章 魚を食べるということは……

日本人が魚を食べなくなったことと、魚を食べることの意味 ……………… 8

魚を食べることは、日本を支えること ……………………………… 10

魚のある食卓には会話が生まれる ……………………………… 12

もっと、もっと、魚料理を作ろう！　食べよう！ ……………………… 14

お魚調理便利 Goods ……………………………………………… 16

2章 子どもが食いつく旬の魚レシピ

手当てをすれば、魚はもっとおいしくなる！ ……………………… 18

春 イワシの和風湯煮 ……………………………………………… 20

イワシの洋風湯煮 ……………………………………………… 21

イワシの中華風湯煮 ……………………………………………… 22

コラム　いろいろな魚で湯煮を作ろう！ ……………………… 23

イワシの団子汁 ……………………………………………… 24

コラム　塩イワシを作ろう！ ……………………………………… 25

タイの薄揚げサラダ ……………………………………………… 26

炒りしらす ……………………………………………………… 27

アジのパリンコ揚げ ……………………………………………… 28

チシャなます ……………………………………………………… 29

アサリ豆腐 ……………………………………………………… 30

コラム　アサリとシジミ ……………………………………… 31

夏 イナダのコロコロフライ ……………………………………… 32

コラム　おいしいフライの作り方 ……………………………… 33

サバ野菜炒め ……………………………………………………… 34

サバの山賊揚げ ……………………………………………………… 35

カマスの沢煮 ……………………………………………………… 36

カマスのさくっとフライ ……………………………………… 37

カツオと野菜の和風カレー ……………………………………… 38

カツオのしっとり煮つけ ……………………………………… 39

スズキの大葉フリット ……………………………………… 40

コラム　「魚料理は苦手」から卒業しよう ……………………… 41

秋

サンマの竜田揚げ・・・・・・・・・・・・・・・・・・・・・・・・・・・ 42

サンマの梅煮 ・・・・・・・・・・・・・・・・・・・・・・・・・・・・・ 43

サケの焼きつけ ・・・・・・・・・・・・・・・・・・・・・・・・・・・ 44

サケのぎょうざ ・・・・・・・・・・・・・・・・・・・・・・・・・・・ 45

カジキの蒸し煮 ・・・・・・・・・・・・・・・・・・・・・・・・・・・ 46

カジキの琉球天ぷら ・・・・・・・・・・・・・・・・・・・・・・・ 47

カレイの塩煮・・・・・・・・・・・・・・・・・・・・・・・・・・・・・ 48

焼きガレイ ・・・・・・・・・・・・・・・・・・・・・・・・・・・・・・・ 49

マグロ冷やしすまし汁 ・・・・・・・・・・・・・・・・・・・・・・ 50

コラム　魚の目利き　3つのポイント ・・・・・・・・・・・・・・・ 51

冬

ワカサギのフライ ・・・・・・・・・・・・・・・・・・・・・・・・・ 52

ワカサギの塩煎り ・・・・・・・・・・・・・・・・・・・・・・・・・ 53

タラのチヂミ ・・・・・・・・・・・・・・・・・・・・・・・・・・・・・ 54

タラじゃが・・・・・・・・・・・・・・・・・・・・・・・・・・・・・・・ 55

タラのフライ ・・・・・・・・・・・・・・・・・・・・・・・・・・・・・ 56

サワラのしょう油づけ ・・・・・・・・・・・・・・・・・・・・・・ 57

サワラの舟蒸し ・・・・・・・・・・・・・・・・・・・・・・・・・・・ 58

コラム　蒸し魚のおいしい作り方 ・・・・・・・・・・・・・・・・・ 59

イカメンチ・・・・・・・・・・・・・・・・・・・・・・・・・・・・・・・ 60

コラム　調味料がもつ働きとは？ ・・・・・・・・・・・・・・・・・・ 61

ブリのポトフ・・・・・・・・・・・・・・・・・・・・・・・・・・・・・ 62

ブリ大根 ・・・・・・・・・・・・・・・・・・・・・・・・・・・・・・・・ 63

コラム　おいしい煮魚の作り方 ・・・・・・・・・・・・・・・・・・・ 64

3章 子どもに話したくなる魚のヒミツ

イワシを知ろう！・・・・・・・・・・・・・・・・・・・・・・・・・・ 66

タイを知ろう！・・・・・・・・・・・・・・・・・・・・・・・・・・・ 67

しらすを知ろう！・・・・・・・・・・・・・・・・・・・・・・・・・ 68

アジを知ろう！・・・・・・・・・・・・・・・・・・・・・・・・・・・ 69

アサリを知ろう！・・・・・・・・・・・・・・・・・・・・・・・・・ 70

イナダを知ろう！・・・・・・・・・・・・・・・・・・・・・・・・・ 71

サバを知ろう！・・・・・・・・・・・・・・・・・・・・・・・・・・・ 72

カマスを知ろう！ …………………………………………………… 73

カツオを知ろう！ …………………………………………………… 74

スズキ知ろう！ ……………………………………………………… 75

サンマを知ろう！ …………………………………………………… 76

サケを知ろう！ ……………………………………………………… 77

カジキを知ろう！ …………………………………………………… 78

カレイを知ろう！ …………………………………………………… 79

マグロを知ろう！ …………………………………………………… 80

ワカサギを知ろう！ ………………………………………………… 81

タラを知ろう！ ……………………………………………………… 82

サワラを知ろう！ …………………………………………………… 83

イカを知ろう！ ……………………………………………………… 84

ブリを知ろう！ ……………………………………………………… 85

コラム　旬は1回とは限らない ………………………………… 86

4章　園でできる魚de食育

骨克服レッスン …………………………………………………… 88

子どもの味覚を育てよう！ ……………………………………… 90

コラム　だしを味わうことで、好き嫌いのない子に育てよう！ ……… 92

はしを使って魚を食べてみよう！ ……………………………… 94

魚の情報を保護者に伝えよう！ ………………………………… 96

お魚イラスト＆文例 ……………………………………………… 97

5章　魚de食育 実践園レポート

愛の園ふちのべこども園 ………………………………………… 102

第三蒲田保育園 …………………………………………………… 104

下落合そらいろ保育園 …………………………………………… 106

くらき永田保育園 ………………………………………………… 108

魚の旬カレンダー ………………………………………………… 110

1章

魚を食べるということは……

みなさんの園では、週にどのくらい魚料理を
提供していますか?
魚を食べることの大切さをお伝えします。

日本人が魚を食べなくなったことと、魚を食べることの意味

日本人の魚を食べる量はどうなっているの?

　右のグラフを見てください。1999年(平成11年)から2019年(令和元年)までの20年間で、魚と肉の1日あたりの平均消費量がどのように変化したのかを示したものです。

　この20年で、魚の消費量は1日約94gから約64gに減り、肉の消費量は約78gから103gと着実に増え続けています。肉と魚が逆転したのが2006年(平成18年)。今や肉の消費量は、魚の1.6倍。魚の消費量は低くなり続けています。

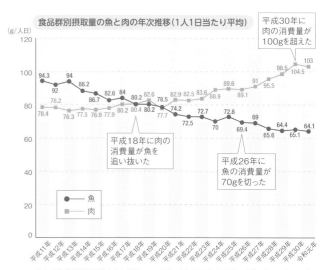

食品群別摂取量の魚と肉の年次推移(1人1日当たり平均)

(g/人日)

平成30年に肉の消費量が100gを超えた

魚: 94.3, 94, 88.2, 82.6, 84, 80.2, 82.6, 78.5, 74.2, 72.5, 72.7, 70, 72.8, 69.4, 69, 65.6, 64.4, 65.1, 64.1

肉: 78.4, 78.2, 76.3, 86.7, 77.5, 76.9, 77.9, 80.2, 80.4, 80.2, 77.7, 82.9, 82.5, 83.6, 88.9, 89.6, 89.1, 91, 95.5, 98.5, 104.5, 103

平成18年に肉の消費量が魚を追い抜いた

平成26年に魚の消費量が70gを切った

凡例: ● 魚 / ■ 肉

(横軸)平成11年 平成12年 平成13年 平成14年 平成15年 平成16年 平成17年 平成18年 平成19年 平成20年 平成21年 平成22年 平成23年 平成24年 平成25年 平成26年 平成27年 平成28年 平成29年 平成30年 令和元年

出典:厚生労働省「国民栄養調査」(昭和24〜平成14年)・「国民健康・栄養調査」(平成15〜令和元年)

食の場面の大きな変化で、魚を食べる量が激変した

　この20年間、私たちの食の場面には大きな変化がありました。コンビニエンスストアが飛躍的に増え、ファストフードの安売り競争が激しくなりました。ワンコインで、輸入物のビーフステーキが食べられるようになりました。様々な国の食事が、手ごろな値段で気軽に食べられるようになっています。

　日本にいながらにして、おいしく・安く・手軽な料理を味わうことができるようになったのです。このような急激な変化の中で、日本人が魚を食べる量は少なくなってきたのです。

日本は奇跡のお魚天国

様々な食べものを食べられる中で、それでもなぜ日本人にとって、魚を食べることが大切なのでしょうか。おいしいから食べる、健康によいから食べるというだけではなく、日本という島国に生まれ育つ私たちにとって、理想的な食べ方を考えてみましょう。

まず世界地図で、日本の「地理的条件」を見てみましょう。

面積は小さく世界で61位ですが、入り組んだ海岸線の総長は長く、世界で6位。これは、アメリカやオーストラリアより長いのです。そのまわりを取り巻く、海の広さも世界6位で、これはカナダやロシアと並ぶ広さです。

大小7,000もの島から成り立っていて、北からは栄養を蓄えた親潮が、南からは暖かい黒潮が島々にぶつかり合い、渦を巻いている。世界でもまれにみる優良な漁場となっています。

日本の風土は魚食にぴったり

この優良な漁場に住んでいる魚の種類は、約4,500種。そのうち、北は北海道から南は沖縄まで、食べられる魚が300種。イカ・タコ・エビ・カニに海藻、貝類などを含めれば500種にもなります。すごいですね。魚的に見ると、日本は世界で唯一、奇跡のように豊かな国なのです。

さらに、魚を食べる調理法といえば、同じ魚でも地域によって違いますから、何万ものおいしさが私たちには与えられているということになります。

一方、肉を大量に生産できるような土地は少ないですが、山が深く多くの川があり、河口には扇状地が発達しているので、米と野菜を作るのに適しています。肉を大量に生産できる広い国は肉を中心に食べていますし、土地が広くてもその栄養や水が乏しい国は、麦や豆、ヒツジやヤギなどを食べています。

こうしてみると、やはり日本は魚だなということがしぜんと理解されてくるのです。「魚、米、野菜、ときどき肉」。これが日本という国において、もっともバランスのとれた食事であることを、ぜひ子どもたちに伝えてほしいのです。

2 魚を食べることは、日本を支えること

私たちが何を食べているかは、国の運命を分ける重大事

　「あなたの国はどんな国ですか」と聞かれたら、どのように答えますか？　国とは国民の集まりであり、みんなが1日ほぼ3食日々食事をして、その食べものをとったり作ったりしている人がいる。運ぶ人がいて、売る人がいて、料理する人がいます。これらに関係ない人は、存在しないのです。ですから、食の形そのものが、国の姿といえるのではないでしょうか。

　つまり答えはこうです。
　「私の国はこのような食べ方をしている国です」。
　すなわち、「国は食なり」ということになり、それをもっと広い視野で考えていくと、私たちがどこで何を食べているかということは、国の運命を分ける重大事なのです。
　そのように考えると、私たち一人ひとりは、食べることによって国を支えているといえるのです。

国産の食べものを味わうことが 国を守る基本

　このような視点で眺めますと、魚を取り巻く環境はず いぶん変わってきています。

　最近は、サーモンを筆頭に魚の輸入も増えています。 一方、日本でとれる3～4割の魚は売りにくいということ で捨てられたり、肥料にされたり、二束三文で海外に 輸出されたりしています。身近にある宝を捨てて、安い からといって海外から多くのものを輸入して食べる。こ れでよいのでしょうか?

　そうです。めんどうくさがらず、偏らず、様々な国産 の食べものを味わうことこそ、日本の生産力を支えるこ とであり、国を守る基本となるのです。

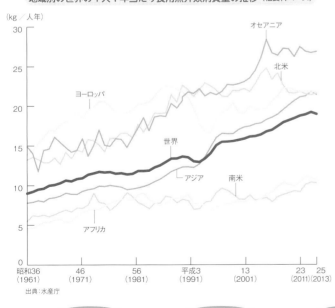

地域別の世界の1人1年当たり食用魚介類消費量の推移（粗食料ベース）

（kg／人年）

オセアニア

北米

ヨーロッパ

世界

アジア

南米

アフリカ

昭和36
(1961)　46
(1971)　56
(1981)　平成3
(1991)　13
(2001)　23
(2011)(2013)　25

出典：水産庁

日本人の魚の消費量は減っても 世界の消費量は2倍に!

　一方世界に目を移しますと、日本とは逆に魚の消費量 は増え、過去50年で2倍にもなっています。魚が健康に よいとわかってきたことや、保存・輸送の技術が発達し たことが要因でしょう。そのため人間は今、魚の自然の サイクル、生態系のバランスを崩してしまうほど魚を とっているのです。

　今、SDGsの取り組みが注目されていますが、海や魚 においても重要な取り組みといえます。この先も、おい しい海や川の恵みを食べ続けるためにも、今こそ魚のこ とを考えてほしいのです。今、真剣に考えなければ、魚 が食べたくても食べられない時代が、近い将来くるかも しれません。

3 魚のある食卓には会話が生まれる

魚を話題にすると、会話が弾む！

　魚を食べることは、島国である日本の風土にかなったもっとも理想的な食事であること、また、魚を食べることで、私たち国民が間接的に国を支えているということを伝えてきました。

　そしてもう一つ、私が魚を食べることのよさとして伝えたいのは、「食卓に会話が生まれること」なんです。

　まず、「このお魚なあに」というところから始まります。魚には顔がある、しっぽもある。食材を丸ごと食べる「全体食」には子どもから見ておもしろいことがたくさんあり、それを話題にして子どもと大人の会話が弾む。例えば、煮干し一つであっても会話のきっかけになる。これこそが、魚の真骨頂だといえるのです。

　骨を取りはずしてあげたり、切り分けてあげたり、は

し使いを教えるなど、様々な会話と関わりが生まれます。それが、実は魚のすばらしさなんだと思います。

　逆に、袋詰めされて骨抜き・味つき、電子レンジで「チン」と温めればいいだけの魚を出すとき、そこには、作り手がのせる気持ちと、食べる側が受け取る気持ち、そして双方の人間関係も大きく異なってくることでしょう。

　仮につたないものでも、自分で作った魚料理を食卓に出せば、もっと会話が生まれるはずです。

　だしにこだわり、魚をはじめとする食材にこだわる園が多いのも、子どもたちにおいしいものを食べてもらいたいことはもちろん、食に興味をもてるように、食事の場での会話が弾むようにと、考えられているからではないでしょうか。

　そう、魚のまわりには、小さなドラマがたくさんあるのです。

魚を身近にするために「知る」ことから始めてほしい

とはいえ、魚は、実は身近ではありません。水の中を泳いでいる上に、どこか遠くの海で誰かがとってくるものなので、やっぱり距離感があります。園で野菜を育てて、自分たちで栽培したものを自分たちで調理し食べると子どもの食が進むとよくいわれます。しかし、さすがに魚を育てて、とって、調理をすることはむずかしいですね。

ですから、「知る」ことから始めてほしいのです。ほかの食べもの同様、知識を得るだけではなく、実際に食べて知っていくことの両方が大切です。

これができるのが、園の食育活動だと私は思っています。"はじめに"でもふれているように、園の食事に魚が出てきたら、これは何という魚か、何という調理法か、どこでとれたものか。会話の中で、子どもたちはたくさんのことを「知る」ことができると思うのです。

園でも魚を解体することやクッキングなど、魚を使った活動は増えてきているようですが、イベント的で非日常的な側面は否めません。楽しい部分以外は、風化してしまいます。年齢が低ければ、なおさらです。ですから、それだけでは魚食は根づきません。毎日の食事という日常的なものの中に魚が出てきてこそ、魚を身近に感じることができるようになるのです。

もっと、もっと、魚料理を作ろう！　食べよう！

魚食ばなれではなく魚調理ばなれ

魚料理をもっと食べてほしいと思ってはいるのですが、魚の1日の消費量が年々減っていることは確かです（P.8 参照）。実際に、園で魚が苦手という子どもは多いのではないのでしょうか。

しかしこれは、本当においしい魚料理を食べていないから、魚料理を食べる機会があまりに減っているからではないかと思うのです。

魚の料理が家庭で出ないということは、家庭で魚の料理をしないということ。つまり、「魚食ばなれ」ではなく「魚調理ばなれ」であると考えています。

肉は下処理済みで売られていますから、買ってきたら冷蔵庫に入れておけばいい。それに比べ魚は、ちょっとだけ「気づかって」あげなくてはなりません。下処理をして洗って水気を拭き、キッチンペーパーなどに包んで食品用ラップフィルムでくるむ。確かに手間ではありますが、これをしてあげれば、冷蔵庫保管で3～4日はおいしく食べられます。焼く・煮る・蒸す・揚げる。そして、味つけもいろいろ。同じ魚でも、調理法が違えば飽きずに食べることができます。

魚が苦手は大人の都合 !?

でも、みなさんはこう思っていませんか？　魚って手間がかかる、生臭い、ゴミが出る、骨があるから子どもが苦手、肉に比べてボリュームが出ない、肉に比べて値段が高い……。

これらは共感できることもありますが、冷静になって考えてみると、実は魚は新鮮ならば切っただけで食べられますし、火の通りも早いのですから、「手間がかかる」というのは先入観ともいえます。「大人の都合」で魚を見ているように思えるのですが、いかがでしょうか？

魚は、海という安定した環境に住んでいるため、体のつくりがシンプルです。ですから、実は動物の中でも一番扱いやすい「肉」なのです。解体も含め、自力で食べられる「肉」は魚だけといえます。

おいしさがわかれば子どもは魚に夢中になる

私は20年ほど、魚のおいしさやおもしろさを伝える仕事をしています。その中で、自分の子どもはもちろん、様々な子どもに魚料理を提供してきましたが、ちゃんとおいしく調理すれば、それでも魚が嫌いという子どもは、ほとんどいませんでした。だからこそ、園の食事で魚を子どもたちに提供してほしいのです。

食育とは、「生きるために身につけるべき食べ方を身につけること」だと思います。正しいはしの使い方を覚えるだけが、目的ではありません。最初ははしがうまく持てなくても、手づかみでも大丈夫。魚がおいしいとわかれば、子どもは押しつけなくても、しぜんとはし使いを覚えていきます。そのタイミングを見て、教えていく。こうした食体験を大切にした食育活動を、おこなってもらえたらと思います。

子どもたちが魚をおいしいと感じたら、それはきっと家庭に伝わります。家庭に伝われば、家庭での魚料理も増えるはず。

保育者のみなさま、期待しています。

ウエカツさん直伝！
お魚調理便利Goods

私が魚の調理をする上で、欠かせない道具の一部を紹介します。
魚調理をする際は、ぜひ使用してみてください。
きっとラクになりますよ。

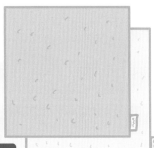

吸水布

魚を洗ったときに、しっかり水分を拭き取るのに役立ちます。魚調理は、水気との闘い。洗って何度も使えるのも◎。

歯ブラシ

魚の臭みを取るためには、しっかり洗うことが大切。手では届きにくいところやはら、骨のまわりなどを洗うときにGood。

金たわし

魚の表面のぬめりや臭みを取るのに最適。細かいうろこなら、金たわしで逆にこすってあげれば、きれいに落とせます。

ゴムのまな板

ゴム素材は、包丁の歯を傷めないのでおすすめです。抗菌性が強いのも◎。また、すべりにくいので、子どもがお手伝いをするときにも向いています。

スクレーパー

まな板を洗って布巾で拭くのくり返しは、雑菌が増える原因。スクレーパーでサッと水をきれば、いつでも清潔というわけです。

2章

子どもが食いつく旬の魚レシピ

園で、もっと魚を食べてみませんか？
子どもたちが食べやすい魚のレシピを、
魚の旬ごとに紹介します。

手当てをすれば、魚はもっとおいしくなる！

食事提供のために購入した魚は、そのまま調理するのではなく下処理＝手当てをすることで生臭みがなくなり、おいしさがアップし、保存性も高まります。
使うのは、水・塩・酒。この3つの使い方をマスターしましょう。

水使い

生臭みを水で洗い流す

魚の生臭みの成分のほとんどは、雑菌が繁殖した水分です。まず、表面を**「流水で3秒」**洗います。その後、キッチンペーパーや吸水布を使ってしっかり水分を拭き取ります。

塩使い

※塩はすべて、ミネラルを含んだ粗塩を使用します（材料の塩を含む）。ミネラルは体に入った塩分を体の外に排出してくれる作用があり、また、食品の保存性も高めます。

染み込んだ臭みを塩で吸い出す

流水でも取れない臭みは、水と一緒に表面の細胞に染み込んでいる可能性があります。この臭みは、塩の**「脱水作用」**を使って取り除くことができます。魚に一つかみの粗塩をまぶして3秒おき、流水で3秒洗います。その後、キッチンペーパーや吸水布でしっかり水分を拭き取ります。

酒使い

しぶとい臭みは酒で中和する

酒には臭み成分を**「中和する」**働きがあり、水や塩でも取れない臭みには酒を使います。ただし、塩で臭み成分を引き出してから酒を使うのがポイント。糖類や調味料を含まない酒を選ぶようにしましょう。

水・塩・酒の"手当て"基本の3ステップ

手当ての基本は3ステップ。この一手間をかけてから調理や保存をすることで、
魚がおいしく生まれ変わります。園の調理で、ぜひ試してみてください。

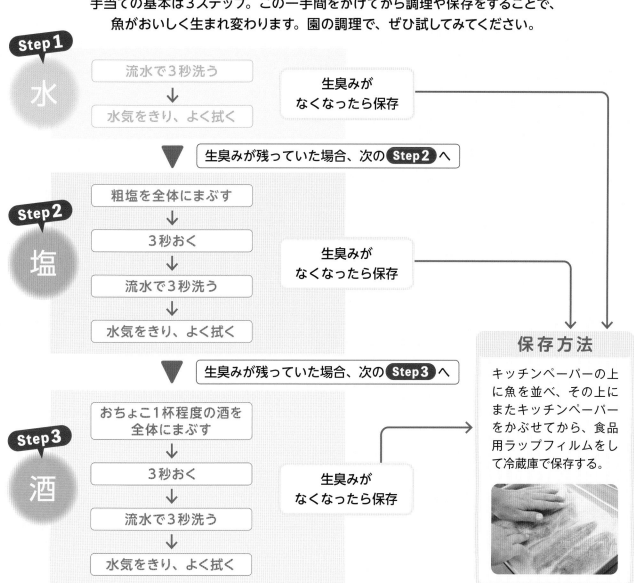

Step1 水

流水で3秒洗う
↓
水気をきり、よく拭く

生臭みが
なくなったら保存

生臭みが残っていた場合、次の **Step2** へ

Step2 塩

粗塩を全体にまぶす
↓
3秒おく
↓
流水で3秒洗う
↓
水気をきり、よく拭く

生臭みが
なくなったら保存

生臭みが残っていた場合、次の **Step3** へ

Step3 酒

おちょこ1杯程度の酒を
全体にまぶす
↓
3秒おく
↓
流水で3秒洗う
↓
水気をきり、よく拭く

生臭みが
なくなったら保存

保存方法

キッチンペーパーの上
に魚を並べ、その上に
またキッチンペーパー
をかぶせてから、食品
用ラップフィルムをし
て冷蔵庫で保存する。

魚の味がいきる！ 味つけも自由自在！

イワシの和風湯煮

湯煮は子どもたちに
大人気のメニューの一つ。
和・洋・中と自由に
味をアレンジできます。

◎ 材料（子ども4人分）

イワシ……2尾
塩……適量
酒……おちょこ1杯
長ねぎ……1/2本
ポン酢……少々

◎ 作り方　調理時間　約5分

① イワシの頭を落とし、内臓を取り出し流水で洗う。はらの中を洗うときは、歯ブラシを使うときれいにできる。
② 尾を切り半分に切ったら、水でよく洗い水気を取って、薄塩をする。
③ フライパンに水を入れ沸騰させ、酒を入れる。
④ ③に②を入れ、再沸騰しないようにアクを取りながら2～3分ゆでる。魚の身が骨からほぐれるようになったら、火が通ったサイン。
⑤ 長ねぎは半分に切って、5mmほどの小口切りにしポン酢に混ぜる。
⑥ ④を皿に盛り、⑤をかけたらできあがり。

※すべてのレシピの調理時間には、下処理の時間は含みません。

玉ねぎとオリーブ油で

イワシの洋風湯煮

オリーブ油と
塩こしょうで味をつければ、
洋風に変身します。

◎ 材料（子ども 4 人分）

イワシ……2 尾
塩……適量
酒……おちょこ 1 杯
玉ねぎ……1/4 個
ピーマン……1/2 個
酢……適量
みりん……適量
こしょう……適量
オリーブ油……適量

◎ 作り方 （調理時間　約 5 分）

① P.20 の①〜④と同様に湯煮を作る。

② 薄切りにした玉ねぎとピーマンに酢と塩を少々加える。さらに、みりんを少々加えて酸味と辛味をまろやかにする。

③ 最後に塩とこしょうとオリーブ油を加え、湯煮にしたイワシにかける。薄切りピーマンは水で洗えば苦味が減る。

しょうがやしそに
ごま油で

イワシの
中華風
湯煮

しょうがとしそで、
さっぱりとした中華風に
アレンジ。ごまの香りが、
食欲をそそります。

◎ 材料（子ども4人分）

イワシ……2尾
塩……適量
酒……おちょこ1杯
えのきだけ……1/2株
しょうが（すりおろし）……適量
酢……適量
しょう油……適量
みりん……適量
ごま油……適量
しそ……1枚
すりごま……適量

◎ 作り方　(調理時間　約5分)

① P.20の①〜④と同様に湯煮
を作る。

② えのきだけをさっとゆでる。

③ ②にしょうが・酢・しょう油・
みりんを味を見ながら加え
る。最後にごま油を香りづけ
程度に入れ、しそを加える。

④ ③にすりごまを加え、湯煮に
したイワシにかける。

もっとおいしく！
お魚コラム

子どもはみんな湯煮が大好き

いろいろな魚で湯煮を作ろう！

全国で魚のおいしさを伝える活動をしていると、
子どもたちが必ずパクパク食べる料理があります。それが「湯煮」です。
湯煮はどんな魚でもでき、調理も短時間。
あっという間に、子どもに大人気の一品ができあがります。

① 切り身（ここではサケを使用）は、さっと洗って水気を拭き取り、全体に薄塩をする（塩サケの場合は、薄塩はしなくてよい）。フライパンで湯を沸かし、おちょこ1杯分の酒を入れ、切り身を入れる。

> 再沸騰しないように、ふつふつと煮るのがポイント。干物は煮ることで塩分が控えめになり、酸化した臭みも取れます。

② 骨つきの切り身なら、身から骨が浮きあがってくるくらいができあがりの目安。切り身なら1分、干物は2分、1尾丸ごとなら5分ほど。引きあげたら、好みの味つけでいただく。

> 子どもたちには、サケならバターとしょう油が大人気です。

丸ごとイワシのおいしさを味わえる

イワシの団子汁

食べすすむにつれ、団子が汁にほぐれ、味がどんどん変化するのを楽しめます。

◎ 材料（子ども 4 人分）

イワシ……5 尾
水……適量
長ねぎ……1 本
しょうが（すりおろし）……約大さじ 1
塩……二つまみ
片栗粉……適量
昆布……適量
薄口しょう油……適量

◎ 作り方　調理時間　約 15 分

① 頭・胸びれ・はら側のぜいごを切り落として内臓を取り除いたイワシを流水で洗い、水気をきる。

② はら側から指を入れてイワシを開き、背骨を手ではずし、もう一度流水で洗い水気を拭く。身に含まれる小骨を切るため、皮側から身を約 3mm 幅に切る（フードプロセッサーにかけてもよい）。

③ 鍋に手開きではずした骨と水を入れて、中火で煮る。ひと煮立ちさせ、アクを取って汁が澄んできたら、骨を取り出す。

④ ボウルに長ねぎの白い部分を粗くみじん切りにしたもの、しょうが・塩・②を入れてヘラで混ぜ合わせる。

⑤ ④がまとまってきたら片栗粉を少しずつ入れ、耳たぶくらいのかたさになるまでさらに混ぜてから、子どものこぶし大の団子を作る。混ぜるときは空気を抜くようにする。

⑥ ⑤を昆布と一緒に③の鍋に入れて、しばらく煮る（沸騰させない）。昆布はやわらかくなったら取り除く。

⑦ 団子が浮いてきたら薄口しょう油を少しずつ入れて味を調え椀に盛り、長ねぎの青い部分を斜め細切りにして散らす。

もっとおいしく！
お魚コラム

イワシを長くおいしく食べる コツ

塩イワシを作ろう！

魚に塩をしっかりしてから洗い、酒をからめて保存する「塩イワシ」。
下処理をきちんとすることで、日持ちがし、臭みも消えます。
イワシだけでなく、ほかの魚にも応用できるので、ぜひ作ってみてください。

① 頭と内臓を取ったイワシをよく洗ったあと、多めの塩をまぶし 30 分以上おく。

① を水でよく洗って水分をしっかりきり、酒をまぶす。

ふたつきの容器にキッチンペーパーをしき、はらを下にして前後交互になるように並べておき、冷蔵庫に入れる。

これで、3～4日はイワシがおいしく食べられます。そのまま湯煮にしても、酢でしめてサラダにしても、焼いて身をほぐしてごはんに混ぜてもおいしい！

25

春の魚

歯ごたえがあり、しっかり噛める

タイの薄揚げサラダ

タイは2回片栗粉をまぶして、カリッと揚げるので、歯ごたえ抜群。噛む力をつけることもできるサラダです。

◎ **材料（子ども4人分）**

タイ（切り身）……160g
片栗粉……適量
揚げ油……適量
酢……大さじ1
オリーブ油……大さじ1/2
塩……一つまみ
みりん……小さじ1
玉ねぎ……1/4個
水菜……2把
にんじん……1/3本

◎ **作り方** （調理時間　約15分）

① 両手に塩（分量外）をつけ、タイをなでるように薄塩をする。皮は残したまま5mmの厚さのそぎ切りにする。

② ①に片栗粉をつける。粉が落ち着いたら、もう一回しっかりつける。

③ ②を約170℃の油で、全体がキツネ色になるまで揚げる。

④ ボウルに酢・オリーブ油・塩・みりんを入れ、泡立て器で混ぜ合わせ、ドレッシングを作る。

⑤ ④に③を入れる。

⑥ ⑤に、薄切りにした玉ねぎ、3～4cmの長さに切った水菜、せん切りにしたにんじんをサッと湯通しして入れて、よく混ぜ合わせる。

しらすと小松菜でカルシウム満点！

炒りしらす

にんじんと小松菜でいろどりも鮮やか。
しらすと一緒に
野菜も食べられる一品です。

◎ 材料（子ども4人分）

にんじん……30g
小松菜……50g
オリーブ油……大さじ1
しらす……50g
こしょう……少々
レモン……1/4個
（市販のレモン汁でもよい）

◎ 作り方　調理時間　約10分

① にんじんはせん切り、小松菜はみじん切りにする。
② オリーブ油をフライパンに入れ、にんじんを中火で油がまわるまで炒める。
③ ②にしらすを入れ、しらすがはぜるくらいになったら、小松菜を入れて炒める。小松菜の緑色が濃くなったところで、こしょうをひと振りする。
④ 火を止めて、③にレモン汁を搾る。
⑤ ④をごはんの上にのせる。

ポイント

小松菜の葉の部分は、縦に切ってから刻むと大きさがそろう。

27

かための衣が香ばしくて、おはしがとまらない！

アジのパリンコ揚げ

外はカリッと、中はふんわり。
アジのうま味をギュッと
閉じ込めた一品です。

◎ 材料 (子ども 2 人分)

アジ……1 尾
塩……適量
小麦粉……適量
酒……適量
揚げ油……適量
オリーブ油……大さじ 1

◎ 作り方 （調理時間　約 10 分）

① アジはたわしなどですばやく洗い、3 枚に
おろし、薄塩を当てて 30 分ほどおく。◀

② ①に小麦粉をつけ、酒にくぐらせたあと、
再び小麦粉をつけ、落ち着かせる。

③ 香りづけにオリーブ油を入れた 170 ～
180℃の油で、表面がキツネ色になるまで
揚げる。

※つけ合わせの玉ねぎは、スライスして水にさら
し、水気をよくきり、酢とレモン汁、みりん少々
で味を調えたもの。さっぱりとして辛味もなく、
揚げ物との相性がよく、子どもにもおすすめ。

ポイント

3 枚におろしたあと、血合骨が
入っている部分に、はら側から
水平に包丁を入れて、骨切りを
しておくとよい。

焼きアジの香ばしさとうま味を味わえる

チシャなます

焼いたアジをほぐしているので、
子どもにも食べやすく、
レタスのシャキシャキ感も
楽しめます。

◎ 材料 (子ども4人分)

アジ……1尾
塩……適量
みそ……大さじ1
酢……大さじ1
みりん……適量
レタス……1/4個
すりごま……大さじ1

◎ 作り方　調理時間　約10分

① アジは「アジのパリンコ揚げ」と同じように、
　3枚におろし、骨切りし (P.28 ポイント参
　照)、薄塩を当てておいておく。

② ①をグリル、もしくはフライパンで香ばしく
　焼きあげ、粗くほぐしておく。◀ ‥‥‥‥‥‥‥

③ ボウルにみそと酢を合わせて、みりんで味を
　調えておく。

④ ③に②を入れてあえる。

⑤ ④にレタスをちぎり入れて混ぜ、すりごまを
　あえてできあがり。

※好みでレモンを搾ってもよい。

ポイント

魚の食感を残すため、あまり
細かくほぐさないこと。

アサリの栄養とうま味を豆腐に吸わせて

アサリ豆腐

アサリのおいしさを丸ごと
豆腐に吸わせた一品。
とろみがついているので、
口当たりよく食べられます。

◎ 材料（子ども3〜4人分）

豆腐……1丁
アサリ……約30個
酒……100mL（1/2カップ）
ごま油……適量
水溶き片栗粉……適量
こしょう……少々
薄口しょう油……少々
万能ねぎ……1/3把

◎ 作り方　（調理時間　約15分）

① 豆腐は1時間ほど水抜きしておく。アサリは砂抜きをしておく（むき身を使ってもよい）。

② アサリを鍋に入れ、5分ほど酒蒸しにする。

③ アサリを取り出して殻をはずし、身はボウルに取り、汁は鍋に残しておく。

④ ③の鍋にごま油、角切りにした豆腐を入れて、豆腐の形を崩しながら混ぜてから煮る。汁気が多い場合は煮とばす。

⑤ ④に水溶き片栗粉を加えてとろみをつけたらアサリを入れて、こしょうと薄口しょう油で味を調える。

⑥ 汁に透明感が出るまで炒め、小口切りにしたねぎを入れてできあがり。

ポイント

水溶き片栗粉がまだ白濁しているときに火を止めてしまうと、とろみが消えてしまうので、しっかり加熱する。

もっとおいしく！
お魚コラム

春の魚

どこが 違う の？

アサリ と シジミ

私たちに身近な存在である「アサリ」と「シジミ」。
アサリは身が、シジミは汁がおいしいといわれていますが、
2つの貝の違いを比べてみました。

アサリ

シジミ

■ **大きさ**　3〜4㎝（大きいものは7㎝になるものもある）。

■ **生息地**　海の浅瀬、砂地。

■ **砂抜き方法**　塩分濃度3％の塩水に入れ、アルミホイルなどをかぶせて暗くし、半日から一晩おく。

■ **おすすめ料理**　みそ汁・炊き込みごはん・佃煮・パスタなど、どんな料理にも合う。

■ **大きさ**　1〜2㎝。

■ **生息地**　淡水湖、川の河口部。

■ **砂抜き方法**　真水に入れ、アサリと同様アルミホイルなどをかぶせて暗くし、半日から一晩おく。

■ **おすすめ料理**　炊き込みごはん・佃煮などもおいしいが、濃厚なだしが出るみそ汁がおすすめ。

アサリ には栄養 がたっぷり

アサリにはカルシウムや鉄・亜鉛などのミネラルがたっぷり含まれています。特に亜鉛が足りないと、舌の表面にある味を感じる「味蕾（みらい）」が減ってしまうといわれています。
さらに、貧血予防に有効なビタミンB_{12}の含有量が多いのもアサリの特徴です。子どもたちに、ぜひ食べてほしい食材です。

たんぱく質が豊富でうま味たっぷり

イナダのコロコロフライ

脂が少なく引き締まった
肉質のイナダは、
フライにするとしっかりとした
食感が楽しめます。

◎ 材料 (子ども1人分)

イナダ (切り身) ……1/3 ~ 1/2切れ
塩……一つまみ
小麦粉……適量
パン粉……適量
揚げ油……適量
キャベツ……適量
にんじん……適量
酢……適量
みりん……適量

◎ 作り方　調理時間　約15分

① イナダは、幅が3㎝くらいの棒状に切って、皮つきのまま一口大のぶつ切りにする。

② ①に塩をまぶし、3秒後に流水で洗い、水分をしっかり拭き取ってから小麦粉をまぶす。

③ 小麦粉に水 (分量外) を加え、ホットケーキ種程度に溶いた衣に、②をくぐらせてパン粉をしっかりつける。

④ 約170℃の油で、全体がキツネ色になるまで揚げる。

⑤ せん切りにしたキャベツとにんじんを、酢とみりんであえたものを添えてできあがり。

魚の揚げ方を 極めよう

おいしいフライの作り方

フライというと、小麦粉をつけて→卵にくぐらせ→パン粉をつける、
という手順がありますが、卵をつけると油と湿気を吸いやすくなり、冷めるとベタつきます。
魚には卵を使わないフライがおすすめです。

卵の代わりに、薄力粉を水で溶いたものにくぐらせてパン粉をつけるだけで、
いっそうカラリと揚がり、胃にもたれず、冷めてもカリッとしたフライとなり
ます。
もっと、軽く仕上げるには、市販の「麩」をすりおろして粉にし、パン粉と同
量を混ぜる方法もあります。
薄塩と酒で下味をつけた切り身を、この粉に押しつけてしばらくおくと、麩の
粘着性たんぱく質の作用で、しっかりパン粉をつけることができます。これで
揚げたフライは、素材そのものの香ばしさと、凝縮したうま味を味わうことが
でき、特にエビなどではビックリするくらいおいしくなります。

魚を揚げるときの基本のポイント

1 魚を揚げるときの温度の目安は、170 〜 180℃。

2 一度にたくさんの具材を入れない。
　小型のフライパンで次々と揚げると適温が保てる。

3 揚がった目安は、揚げ音や泡が小さくなったとき。
　あるいは菜ばしでつまみあげたときに、ジンジンと細かい振動
　が菜ばしに伝わってきたとき。

たっぷり野菜と炒めておいしい

サバの野菜炒め

肉のようなボリュームが
出る切り方がポイント。
たっぷり野菜と一緒にサバを
味わいます。

◎ 材料 (子ども4人分)

サバ (切り身) ……2切れ
塩……適量
にんじん……1本
ピーマン……1個
長ねぎ……1本
キャベツ……1/4
サラダ油……適量

◎ 作り方 （調理時間 約15分）

① サバはたっぷりの塩をまぶして、水気が出た
ら洗い流し、よく拭いておく。血合いの骨を
切り取り、半分にしたあと、縦方向に5cmほ
どの棒状に切る。

② にんじんとピーマンはせん切り、長ねぎは斜
め薄切り、キャベツは短冊状に切る。

③ 油をひいて、にんじんを炒める。

④ ③に①を入れ、軽く炒めたあと、ピーマン・
長ねぎ、最後にキャベツを入れ、ざっと炒め
たらふたをする。

⑤ キャベツがしんなりしてきたらふたを取り、
魚を崩しながら水分をとばしてできあがり。

ポイント

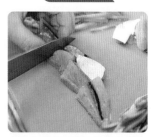

サバは縦方向の5cmほどの棒状
に切ることで、肉のようなボ
リュームが味わえる。

ふっくらなのに、しっとり

サバの山賊揚げ

肉のような食べごたえがある
山賊揚げ。しっとりの決め手は
ドライイーストです。

◎ 材料（子ども4人分）

サバ（切り身）…… 3切れ
しょう油……適量
みりん……適量
酒……しょう油とみりんの半量
しょうが（すりおろし）……適量
ドライイースト…… 小さじ1/2
A ┃ 片栗粉…… 60g
┃ 水…… 30mL
揚げ油…… 適量

◎ 作り方 （調理時間　約20分）

① サバは、P.34のサバの野菜炒めと同様
の棒状にする。

② ボウルにしょう油を入れ、少しずつみ
りんを加え、味がまろやかになったら、
酒・しょうが・ドライイーストを入れ
て、①を約10分ほどつける。

③ ②をザルにあげつけ汁をよく切り、A
を泡立て器でよく混ぜ、さらさらの粒
状になったらサバをまぶす。

④ 約170℃の油で、両面キツネ色になる
まで揚げる。

ポイント

ドライイーストを使うことで、
保湿性が高まり、冷めてもしっ
とりと食べられる。

シンプルな材料なのに、うま味凝縮

カマスの沢煮

シンプルな味つけですが、
静かに煮込むだけで
しっかり味が染み込み、
ふっくら仕上がります。

◎ 材料（子ども約2〜3人分）

カマス……1尾
玉ねぎ……1個
水……適量
塩……一つまみ
薄口しょう油……適量
昆布……1枚

◎ 作り方（調理時間　約10分）

① カマスはウロコをしっかり取って、頭を落としたあと三等分に切る。

② 内臓を取り除き流水でしっかり洗ったあと、塩（分量外）をして洗い、水分をしっかり拭き取る。

③ 玉ねぎを半分にしてから、縦6等分くらいのくし型に切る。カマスには骨に達するくらい切れ目を入れておく。

④ 鍋にカマス、カマスがかぶるくらいの水・塩・薄口しょう油を入れ、濃い目のすまし汁ぐらいの味つけになるように調える。

⑤ ④に昆布、玉ねぎを入れ、アクを取りながら沸騰させないように中火で煮る。

⑥ 玉ねぎが半透明になり、カマスの切り口から骨がとび出るようになったらできあがり。

ポイント

できあがりの目安は、切り口からこのくらい骨が出ている状態。

ポイント

アクを取りながら、沸騰させないように静かに煮込むのが、味を染み込ませるコツ。

冷めてもおいしい

カマスのさくっとフライ

イワシなどを食べるカマスは
高たんぱく。育ち盛りの
子どもたちに
食べてほしい魚です。

◎ 材料（子ども4人分）

カマス（3枚におろしたもの）
…… 半身
小麦粉…… 適量
水…… 適量
パン粉…… 適量
揚げ油…… 適量
キャベツ…… 適量
レモン汁…… 適量
みりん…… 適量

◎ 作り方　調理時間　約15分

① カマスに塩（分量外）をして、さっと洗い水分をしっかり拭き取る。◀‥‥‥‥‥

② 小麦粉に水を加え、ホットケーキ種程度に溶いた衣に、①をくぐらせ、パン粉をつける。

③ 180℃の揚げ油で、両面キツネ色になるまで揚げる。

④ ③を器に盛り、せん切りキャベツをレモン汁とみりんであえたものを添えてできあがり。

ポイント

カマスは、はら側にしっかりした骨がついているので、きちん取り、血合骨も骨抜きで抜いておく。

身がぱさつかず、カレーとの相性もばっちり！

カツオと野菜の和風カレー

カツオと昆布の
うま味が詰まった、
子どもたちが大好きな
カレーです。

◎ 材料（子ども 4 人分）

水……適量
昆布……2 枚
カツオ……1 さく
A ├ 塩……大さじ1
　├ カレー粉……小さじ2
　└ 酒……大さじ1
しょうが（すりおろし）
……小さじ1
玉ねぎ……1 個
にんじん……1 本
じゃがいも……2 個
モロッコインゲン……適量
キャベツ……1/4 個
サラダ油……少々
カレー粉……適量
水溶き片栗粉……適量
しょう油……適量

◎ 作り方 （調理時間　約20分）

① 鍋半分くらいの水で昆布だしをとり、昆布は取り出しておく。

② カツオは 2 cm の角切りにして、A をまぶす。

③ 野菜は一口大の食べやすい大きさに切る。

④ 熱したフライパンに油をひき、しょうが・玉ねぎを入れる。玉ねぎが透明になるまで強火で炒めてから、にんじん・じゃがいもを入れ炒める。

⑤ じゃがいもが半透明になってからモロッコインゲンを入れ炒める。

⑥ ⑤に②を入れ崩れないように炒め、すべてを昆布だしの鍋の中に入れる。

⑦ キャベツがしんなりするまで炒めたら⑥に入れ、すべての材料が隠れるまで鍋に水を足し、材料がやわらかくなるまで煮込む。アクは適宜取る。

⑧ だしをとった昆布をせん切りにして⑦に入れ、味見をしながら、適宜カレー粉を足し、弱火でトロトロ煮る。

⑨ 水溶き片栗粉を入れ強火にし、鍋底をこするように混ぜて、カレーのルウに透明感が出てきたら、最後にしょう油をまわし入れてできあがり。

ポイント

ふたをすると空気に溶ける魚の臭みが逃げないので、煮込むときはふたはしない。

最初に酒で蒸すのでかたくならない

カツオのしっとり煮つけ

身がぱさつきやすいカツオですが、酒と砂糖で蒸してから味をつけることで、冷めてもおいしく仕上がります。

◎ 材料（子ども2人分）

カツオ……1/2 さく
しょうが……半かけ
酒……適量
砂糖……少々
しょう油……適量
みりん……適量

◎ 作り方 （調理時間　約10分）

① カツオは約1.5 cmの厚さにそぎ切りにする。しょうがは薄切りにする。

② フライパンに酒を浅く入れ、酒が沸いてきたら重ならないようにカツオとしょうがを入れ、砂糖を加える。

③ カツオが半分くらい浸るように、フライパンに酒を足し、ふたをして強めの中火で一気に蒸し煮にする。◀

④ 1分ほどで、カツオの身に弾力が出てきたらふたを取り、しょう油で塩味、みりんで甘味を調える。

⑤ 強めの中火で煮汁をかけながら煮詰め、カツオが色づいたら火を止めて、1分間煮汁をかけ続けたらできあがり。

ポイント

ふたをして一気に酒蒸し状態にすると、魚の身の細胞が緩くなり、味が染み込みやすくなる。

ポイント

煮汁をかけることで、熱い（煮汁をかける）と冷めるのくり返しにより、煮汁に浸っていなくても、すばやく味が染み込む。

サクサク衣にチーズがトロリ

スズキの
大葉フリット

夏の魚

スズキの皮は風味がよいので、
はがさずにそのまま
フライにしていただきます。

◎ 材料（子ども約8人分）

スズキ（3枚におろしたもの）
……半身（できれば皮つき）
塩……適量
こしょう……適量
チーズ
（切れているものか、スライス）……8個
大葉……8枚
小麦粉……適量
炭酸水……適量
揚げ油……適量

◎ 作り方　（調理時間　約20分）

① スズキの血合骨を取る。

② スズキを7〜8cmの大きさで4等分にし、
　切り身の真ん中から包丁を入れ、厚さ5mm
　くらいに左右に切り開く。

③ 手に塩をつけ、スズキをなでるように塩・
　こしょうを振る。

④ チーズ1個（切れているものは縦に切り、
　スライスは折って棒状にする）と大葉をの
　せて巻き（スズキの皮がかたい場合は、皮
　を内側にして巻くと縮まない）、小麦粉を薄
　くつけておく。

⑤ 小麦粉に炭酸水を入れ、ホットケーキ種程
　度に溶いたら、④をくぐらせる。

⑥ 約170℃の油で、全体がキツネ色になるま
　で揚げる。

⑦ ⑥を半分に切って盛りつける（子どもは半
　分が1人前）。

ポイント

スズキは頭から上半分くらいま
で血合骨があるので、V字状に
包丁を入れて取り除く。

ポイント

途中で身が切れ
てしまっても、
重ねて巻くので
大丈夫。

もっとおいしく！
お魚コラム

毎日お魚が 食べたくなる！

「魚料理は苦手」から
卒業しよう

「魚料理のどこが苦手ですか」というアンケートでは、様々な理由があがります。
しかし、それらはひと工夫するだけで解決するものばかり。
魚が毎日食べたくなるヒントを、紹介します。

苦手な理由	解決策
① **手間がかかる**	**魚は時短調理できる** 「手間がかかる」は先入観。魚は新鮮なら生で切っただけで食べられますし、火の通りも早い。実は時短調理が可能な食材です。3枚におろすのが苦手なら、切り身や下処理済みの魚を使えば、手間なく調理ができます。
② **生臭い・ゴミが出る**	**流水で洗って水気を拭く** 切り身の魚なら、買ってきてから流水で3秒洗って水気を拭くだけで、臭みが取れます（P.18参照）。また、魚の生ゴミは、新聞紙1日分の上にのせ、手前からギュッと巻いて、3分の2くらいまで巻いたら、左右から折り込み、袋に入れておけばにおいません。新聞紙がない場合は、消臭機能のある袋を使ってもいいでしょう。
③ **骨がある**	**「骨があるから嫌い」は大人の考え** 「子どもは、骨があるから魚が嫌い」というのは、保護者がそう信じて、骨は悪者というイメージを植えつけている可能性があります。子どもは骨を噛むおいしさを覚えると、噛める骨と噛めない骨がしぜんにわかるようになります。▶骨克服レッスンは P.88 へ
④ **ボリューム感が出ない・割高**	**「魚は高い」は思い込み** 店頭で売っている魚は、旬であれば、実は肉と比べてそれほど割高ではありません。また、この本で紹介しているように野菜と一緒に調理することで、ボリューム感も出ます。調理方法次第で、安くて食べごたえ満点の料理が作れます。

カリッとふわふわ

サンマの竜田揚げ

> 塩焼きもおいしいですが、
> 揚げてもおいしいのがサンマ。
> しっかり衣をつけ、カリッと
> 香ばしさも楽しめます。

◎ 材料（子ども2人分）

- A
  - しょう油……適量
  - みりん……適量
  - 酒……（しょう油＋みりんの半量）
- サンマ（3枚におろしたもの）……半身
- 片栗粉……適量
- 揚げ油……適量
- 玉ねぎ……適量
- 酢・レモン汁・みりん……適量

◎ 作り方　調理時間　約30分

① Aを混ぜ合わせ、半分に切ったサンマの身の端が茶色く染まるまで、20分ほどつけておく（Aのつけダレは、しょう油を入れたあと、塩辛さの角がとれるまでみりんを加えてから酒を入れる）。

② ボウルに片栗粉とサンマを入れて、ボウルを振りながら、粉をしっかりつける。しっとりしてきたら、もう一度粉をつける。

③ 180℃の油で、両面揚げ色がつくまで揚げる。

④ ③を器に盛り、玉ねぎをスライスして水にさらしたあと水気をきり、酢とレモン汁・みりんであえたものを添えてできあがり。

ポイント

片栗粉はボウルを振りながらつけることで、まんべんなく、しっかりつけることができる。

ポイント

サンマの身の端がこのくらいになったら、味が染み込んだサイン。

ミネラル豊富な一品

サンマの梅煮

梅干しはミネラルも豊富な食材。
サンマと一緒に煮ると、
皮が破れにくく、きれいに
料理が仕上がる効果もあります。

◎ 材料 (子ども3人分)

サンマ……2尾
酒……適量
砂糖……大さじ1程度
梅干し……1個
しょう油……適量
みりん……適量

◎ 作り方 調理時間　約10分

① サンマの頭を落とし、はらを切らずに内臓を抜き、しっかり洗って水気を拭き取る。三等分に切ってから、水にさらして血を抜き、ザルにあげておく。

② 水気がきれたらサンマを拭いておく。

③ 鍋に②を入れて、魚が半分隠れるくらいまで酒を入れたあと、砂糖を加えてから梅干しをちぎって入れる。

④ ふたをして、強火で火を通す。

⑤ 沸騰して1分くらいたったら、味を見ながらしょう油を入れて塩味を決め、みりんを加えて甘味を決めてから、アルミホイルで落としぶたをする。

⑥ 強めの中火で1分くらい火にかけてから落としぶたをはずし、魚の表面に照りが出てくるまで煮汁をかけ続ける。

⑦ 照りが出たら火を止め、たまじゃくしでゆっくり煮汁を1分くらいかけ続けたらできあがり。

ポイント

酒の量は、魚が半分隠れるくらいの量がベスト。

秋の魚

ポイント

強めの中火で煮汁がブクブクしているときに、汁をかけ続けると、きれいな照りが出る。

秋の魚

野菜と一緒にさっぱり食べる

サケの焼きづけ

サケを野菜と一緒に
たれにつけるだけの簡単な料理。
甘じょっぱいたれがサケによく合い、
ごはんが進みます。

◎ **材料**（子ども4人分）

サケ（切り身）……2切れ
玉ねぎ……1個
ピーマン……3個
酢……240mL
水……120mL
薄口しょう油……大さじ2〜3
みりん……大さじ1〜2

◎ **作り方** （調理時間　約40分）

① サケは、水で洗って水気を拭き、よく焼いておく。
② 玉ねぎは半分に切って薄切りにし、ピーマンは輪切りにする。
③ 容器に、酢と水を入れてから、薄口しょう油とみりんを入れ、味を調える。◀……
④ ③に②と①を入れて、30分以上つける（一晩くらいおいても大丈夫）。

ポイント

よく焼いたサケは、熱いうちにたれにつけると、味がよく染み込む。

44

子どもの調理活動にも！

サケの
ぎょうざ

もっちもちのサケ
ぎょうざは色もきれい。
子どもたちの
食欲をそそります。

◎ 材料（約25個分）

サケ（切り身）……3切れ
キャベツ……1/4個
長ねぎ……1/2本
しょう油……小さじ3
ごま油……小さじ1
片栗粉……大さじ5
ぎょうざの皮……25枚

◎ 作り方　（調理時間　約20分）

① フライパンに水（分量外）を入れ沸騰させ、酒（分量外）を少々入れる。
② ①にサケを入れ、煮立たせないように5分くらいゆでてほぐしておく。
③ キャベツと長ねぎをみじん切りにし、②を入れて混ぜる。
④ ③にしょう油・ごま油・片栗粉を入れ、よく混ぜ合わせる。
⑤ ④をぎょうざの皮で包む。子どもたちと一緒に包んでもよい。
⑥ 鍋に水（分量外）を入れ、沸騰してから⑤を入れる。ぎょうざが浮かんできたら、さし水をする。また浮かんできたらさし水をし、ザルにあげ氷水で冷やす。

※好みで、しょう油・酢・みりんを混ぜた酢じょう油や、めんつゆなどにつけて食べる。

ポイント

コラーゲンがたっぷりのサケの皮も、一緒に具に混ぜ込む。

ぼそぼそにならないふっくら仕上がり

カジキの蒸し煮

一度カジキを酒蒸しして、
ふっくらとさせます。
魚が苦手な子どもも
食べやすい一品。

◎ 材料（子ども4人分）

酒……適量
カジキ（切り身）……4切れ
しょうが……1片
長ねぎ……1/4本
しょう油……大さじ2
みりん……適量
ごま油……大さじ1
さやいんげん……適量

◎ 作り方　調理時間　約15分

① フライパンを温めて、酒を少し入れる。

② 酒がふつふつしてきたら、カジキ、せん切りにしたしょうが、小口切りにした長ねぎ、5mmほどカジキが浸るように酒を加える。◀

③ ふたをして、軽く火が通ったらしょう油で塩味を決め、味がまろやかになる量のみりんを加える。

④ ③にごま油を入れ、強火のまま煮汁をかけながら、煮汁が少なくなるまで煮詰める。火を通しすぎるとかたくなるので注意。

⑤ 半分に切ったさやいんげんも、同じフライパンの残り汁で煮て添える。

ポイント

カジキが5mmほど浸るくらいに
酒を加えて蒸すと、ぼそぼそに
ならない。

冷めてもおいしい
カジキの琉球天ぷら

◎ **材料**（子ども2人分）

卵……1個
水……卵の倍量
塩……少々
小麦粉……適量
カジキ（切り身）……2切れ
揚げ油……適量

◎ **作り方** （調理時間 約15分）

① ボウルに卵を割り、水を入れたあと、すまし汁程度に塩で味つけする。
② ①に小麦粉を少しずつ入れて、泡立て器でかき混ぜたとき筋が出るくらいのかたさにする。
③ カジキをスティック状に切り、②に入れてよく混ぜ、しっかり衣をつける。
④ 約180℃の油で、カリッとするまで揚げる。

※好みでしょう油やソースを少々つけてもよい。

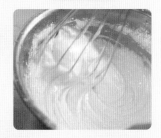

ポイント

衣のかたさの目安は、泡立て器でかき混ぜたとき、筋が見えるくらい。

秋の魚

コラーゲンたっぷりの濃厚スープ

カレイの塩煮

カレイと一緒に
野菜もたっぷり食べられる、
塩味がやさしいスープ料理です。

◎ 材料（子ども4人分）

玉ねぎ……1/2個
にんじん……1本
じゃがいも……2個
さやいんげん……10本
カレイ（切り身）……2切れ
酒……適量
2%程度の塩水……適量
薄口しょう油……大さじ1
みりん……大さじ1

◎ 作り方　調理時間　約20分

① 玉ねぎはくし切りに、にんじんは5mmの輪切り、じゃがいもは少し大きめに切り、さやいんげんは半分に切っておく。

② フライパンにカレイを入れ、まわりにさやいんげん以外の野菜を敷き詰め、カレイが半分隠れるくらいまで酒を入れて、ふたをして中火で蒸し煮にする。

③ 骨から身がはなれてきたら、塩水をカレイが半分隠れるくらいまで入れ、中火で煮ながら、時々汁をかける。

④ じゃがいもがやわらかくなったら、さやいんげんを入れ、薄口しょう油・みりんを入れて1～2分したらできあがり。

ポイント

骨から身がはなれてきたところ。
ここで塩水を入れて煮る。

身ばなれがよく食べやすい
焼きガレイ

カレイは小骨が少なく、
骨が取りやすいので、
はし使いの練習にぜひ。

◎ 材料（子ども 1 人分）

カレイ（切り身）……1 切れ
塩……適量
しょう油……大さじ 2
酢……大さじ 1
みりん……適量
まいたけ……好みの量
ピーマン……好みの量

◎ 作り方　調理時間　約 15 分

① 手に塩をつけ、カレイを握るようにまんべんなく薄塩を当てて 10 分おく。

② 焼く直前に指先をぬらしてから、一つまみ塩を取り、①のカレイに塩を指で弾くように振る。

③ カレイを焼く。グリルで焼くときは、片側 7 割、裏返して 3 割焼くのが目安。

④ しょう油と酢を混ぜ、みりんで味を調整して甘酢っぱい酢じょう油を作る。

⑤ まいたけとピーマンは食べやすい大きさに切り、フライパンで香ばしく焼き色がつくまで焼いたら、ふたをして少し蒸し焼きにする。

⑥ ④のたれに⑤を入れて味をつけ、③のカレイに添えてできあがり。

ポイント

指を弾いて、少し高いところからカレイに塩を振る。

秋の魚

筋の多いマグロからのおいしいだし

マグロ冷やしすまし汁

筋が多いマグロは、汁ものにすると、おいしく食べられます。キハダ・ビンナガ・メバチなどがおすすめです。

◎ 材料（子ども5人分）

マグロ……1さく（150g）
塩……小さじ1
水……1,000mL
玉ねぎ……1/4個
昆布……1枚（10cm × 10cm）
長ねぎの青い部分……1個
豆腐……半丁
薄口しょう油……20mL
細ねぎ……適量

◎ 作り方　調理時間　約40分

① マグロは短冊切りにして塩をまぶし、塩粒が溶けるまでおいておく。

② 鍋に水を入れ、くし切りにした玉ねぎ、昆布を入れ、中火で玉ねぎが半透明になるまで煮る。

③ ②に①と長ねぎの青い部分を入れて沸かしたら、アクを取り続け、煮汁が透明になったら、昆布を取り出す。

④ 鍋から長ねぎを取り出し、鍋ごと氷を入れたボウルで冷やす。

⑤ 電子レンジ（600W）で3分加熱した豆腐を1〜1.5cmのさいの目切りにして④に入れ、薄口しょう油で味を調える。

⑥ 椀に盛りつけ、好みで細ねぎを散らす。

ポイント

アクが出るのは、マグロの中心まで火が通っていない証拠。しっかりアクを取るとよい。

おいしい魚の 見つけ方
魚の目利き 3つのポイント

よい魚を選ぶには、3つのポイント（姿・頭・はら）をチェックすることが大切です。
以下のチェック項目を確認して購入しましょう。

姿

☐ 色つやがよく、ふやけていないこと。

☐ 体の表面につやがあり乾燥していないこと。

☐ 背肉が張っていて尾のほうまで太いこと（全体として頭が小さく見える）。

頭

☐ 目に透明感があって黒々していること。

☐ エラのまわりが鮮やかで粘液などが付着していないこと。

はら

☐ はらの皮が破れていないこと。

☐ 肛門から、褐色の汁などが流れていないこと。

> 魚は"第一印象"が大切。色つやがよく、太っていて、目の
> 透明感があり、背肉が張っているかどうか。もしさわれるな
> らば、はらのあたりを軽く押してみて、はね返すような弾力
> があり、肛門から汁が流れていないものを選びましょう。
> 切り身ならば、切り口の角がしっかり立っているものが新鮮
> です。経験を積みながら、目利きを楽しんでみてください。

秋の魚

卵を使わず、さくっとふんわり

ワカサギのフライ

頭から丸ごと食べられるワカサギ。
卵を使わないカリッとした
フライがおすすめです。

◎ **材料（子ども2人分）**

ワカサギ……4尾
小麦粉……適量
水……適量
パン粉……適量
揚げ油……適量
キャベツ……適量

◎ **作り方** 〔調理時間　約15分〕

① ワカサギに塩（分量外）をまぶして、流水で
　よく洗う。大きいワカサギを使用する場合は、
　内臓を取る。

② ボウルに小麦粉・ワカサギの順で入れ、ボウ
　ルを振りながら小麦粉をまぶす。

③ ②に少しずつ水を入れながら、ワカサギに衣
　がまんべんなくつくようにしっかり衣をつけ
　る。

④ ③にパン粉を入れ、ボウルごと振って、パン
　粉をしっかりつける。

⑤ 170〜180℃の油で、両面キツネ色になる
　まで揚げる。皿に盛り、キャベツを添える。

ポイント

油が汚れてきたときに梅干しを
入れると、油の酸化が還元され
て、さらりとした油に戻る。

魚のうま味が存分に味わえる

ワカサギの塩煎り

塩で煎るので身が引き締まり、骨から身ばなれがいい料理。子どもに食べさせるのにもってこいです。

◎ **材料 (子ども2人分)**

ワカサギ……4尾
水……400mL
塩…… 小さじ1
酒……大さじ1

◎ **作り方** （調理時間　約15分）

① ワカサギに塩（分量外）をまぶして、流水でよく洗う。
② 水に塩を入れ、塩水を作る。
③ フライパンにワカサギを並べ、ワカサギの半分が隠れるくらいの塩水を入れ、酒を入れる。
④ 沸騰しないように、中火でワカサギに塩水をかけながら、塩水がなくなるまで煮詰めてできあがり。

ポイント

塩水をかけ続けて煮詰めていくのがポイント。沸騰させないように気をつける。

冬の魚

ほくほくのタラがおいしい

タラのチヂミ

> チヂミの中のタラが、
> ほくほくした歯ごたえ。
> チヂミは一口大に切れば、
> 食べやすくなります。

冬の魚

◎ 材料（子ども4人分）

タラ（切り身）……3切れ
塩……適量
にら……1/3把
にんじん……1/2本
小麦粉……100g
水……100mL
ごま油……大さじ1

◎ 作り方 （調理時間 約15分）

① タラに塩をしてさっと洗い、水気をきる。
② ぬれた手に塩をつけ、①をまんべんなくたたくように塩をして10分おき、キッチンペーパーで水気を取る。
③ ②を1cmの粗みじん切りにする。
④ にらは約2cmの長さに切り、にんじんはせん切りにする。
⑤ ボウルに小麦粉・水・③・④を入れて、混ぜ合わせる。◀┈┈┈┈
⑥ フライパンにごま油を入れ、両面焼き色がつくまでよく焼く。

※好みで、みりんと酢としょう油を混ぜ合わせたたれを塗る。

ポイント

すべての材料をよく混ぜ合わせるのがポイント。

煮込まなくても、味の染み込んだタラが絶品

タラじゃが

肉の代わりにタラを
使った肉じゃが。
ボリュームがあって、
食べごたえも抜群です。

◎ 材料 (子ども 4 人分)

タラ (切り身)……3 切れ
塩……適量
A {
酒……200mL
しょう油……50mL
砂糖……小さじ 2
みりん……大さじ 1
}
じゃがいも……2 個
にんじん……1 本
さやいんげん……10 本

◎ 作り方　(調理時間　約 20 分)

① タラは塩をして洗い、水気をしっかりきり、食べやすい大きさに切る。

② フライパンに A を入れ、混ぜ合わせてから、強火にかける。

③ ②が沸いたら①を入れ、アルミホイルで落としぶたをして煮る。

④ タラが軽く色づいたら落としぶたを取り、1/4 の長さに切ったさやいんげんを入れ、タラがよく色づくまで煮汁をかけながら煮る。

⑤ じゃがいもとにんじんを食べやすい大きさに切って鍋でゆでこぼし、野菜は鍋に入れておく。

⑥ ⑤の鍋に④のタラとさやいんげんを入れ、タラが崩れない程度に混ぜ合わせる。煮汁を少しずつ加え、味を調整する。

ポイント

ゆでたじゃがいもとにんじんが熱いうちにタラの煮汁をかけることで、魚のうま味が染み込む。

55

冬
の
魚

切り方ひとつで、おいしさが変わる

タラのフライ

衣はさくっと、中はふわふわのフライ。
下処理をしっかりすることで、
タラ特有の臭みも気になりません。

◎ 材料 (子ども1人分)

タラ (切り身) ……1切れ
塩……一つまみ
小麦粉……適量
パン粉……適量
揚げ油……適量
キャベツ……適量
酢……適量
みりん……適量

◎ 作り方 (調理時間 約15分)

① タラの皮をタワシでこすりながら洗ってぬめりを落とし、ご
ろっとしたぶつ切りにする (平たい、そぎ切りにしないこと)。

② ①に塩をまぶし、3秒後に流水で洗い、水分をしっかり拭き取っ
てから小麦粉をまぶす。

③ 小麦粉に水を加え、ホットケーキ種程度に溶いた衣に、②をく
ぐらせパン粉をしっかりつける。

④ 約170℃の油で、両面キツネ色になるまで揚げる。

⑤ ④を器に盛り、せん切りキャベツを酢とみりんであえたものを
添えてできあがり。

56

ふっくら、モチモチ食感が楽しめる

サワラのしょう油づけ

しょう油づけにしたサワラを
焼くだけの簡単レシピ。
つけておくことで、保存も効きます。

◎ **材料（子ども4人分）**

サワラ……半身の1/2
塩……一つまみ

A
しょう油……50mL
みりん……40mL
酒……45mL
（しょう油とみりんを
足した量の半分が目安）

◎ **作り方** (調理時間 約20分)

① サワラは4つに切り、表面に塩をまぶし、
すばやく流水で洗い、水分を拭き取る。◀‥‥‥

② ジッパーつきの食品保存袋に①とAを入れ、
10分以上つけておく。

③ ②を中火よりやや弱火で、皮を下にして焼
く。返すのは1回のみ。

※好みで三つ葉を散らしてもよい。

>[ポイント]

切り身の表面に水気がある状態
で塩分のあるつけ汁に入れてし
まうと、臭みが出るのでしっか
りと水分を拭き取る。

冬の魚

野菜もたっぷり食べられる

サワラの舟蒸し

プカプカ浮かぶアルミホイルの舟で
蒸気たっぷりに蒸しあげると、
うま味が凝縮。

◎ 材料（子ども4人分）

サワラ……半身の1/2
塩……適量
玉ねぎ……1/2個
ピーマン……1個
にんじん……1/3本
しめじ……1/3株
長ねぎ……1/3本
サラダ油……小さじ2

◎ 作り方　（調理時間　約20分）

① サワラは4つに切り、表面に塩をまぶし、流水で洗い、よく拭いておく。皮を上、身を下にして押さえながら、水分を拭き取る。

② サワラの切り身の半分の厚さまで、皮側から、バツ印に切り込みを入れ、薄塩をしておく。

③ 玉ねぎは5mmの厚さのVの字切り、ピーマンは5mmの厚さに横切り、にんじんはせん切りにする。しめじはほぐす。野菜はすべて混ぜ合わせておく。

④ フライパンの大きさに合わせて、二重にアルミホイルを敷いて、舟の形にする。

⑤ ④の上に③の2/3を入れる。さらにその上に②をのせ、③の残りは蒸気が通りやすいように、まばらに②の上にのせる。

⑥ ⑤に塩一つまみと、サラダ油をかけ、内側にアルミホイルを折り込む。アルミホイルは閉じないのがポイント（P.59の「蒸し魚のおいしい作り方」を参照）。

⑦ アルミホイルが浮くくらいにアルミホイルとフライパンの間に水を注ぐ。

⑧ 強火にかけ、湯が沸いたらふたをし、蒸気が出てから10分ほど蒸す。

⑨ サワラの身に火が通っていたら、アルミホイルごと皿の上に取り出し、アルミホイルの底を割いて盛りつけしてできあがり。

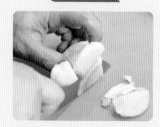

ポイント

玉ねぎは芯を中心にVの字に切ると、子どもでも食べやすい大きさになる。

ポイント

皿の上でアルミホイルを割くと、そのままの状態できれいに盛りつけられる。

冬の魚

魚の蒸し方を 極めよう

蒸し魚のおいしい作り方

蒸し料理は、魚の栄養をいちばん効率よくとれる調理法です。
ホイル焼きではなく、湯を張ったフライパンで作る方法なら、
蒸し器がなくても、おいしい蒸し料理ができます。

魚を蒸すときの基本のポイント

野菜・魚・野菜の順番に重ねる。

アルミホイルで舟を作り、そこに材料を入れる。材料は野菜・魚・野菜の順に重ねるのがポイント。一番下に魚を入れてしまうと、魚に蒸気がまわらず、また、アルミホイルを閉じてしまうと、水溶性たんぱく質がにじみ出て、生臭くなってしまう。

フライパンに水を入れて蒸す。

フライパンの深さ1/3ほど水を張り、アルミホイルを浮かべ、フライパンにアルミホイルが浮く程度の水を注ぎ、強火で沸かし、ふたをする。

切り身は5分、丸魚なら15分が目安。

加熱時間は中火で蒸気が吹いてから、切り身なら5分、丸魚なら15分が目安。骨つきは、骨から身がはなれるか確認する。

加熱しすぎると、魚からうま味が出てしまい、パサパサになってしまいます。

冬の魚

59

浜のお母さんのアイデア料理

イカメンチ

> イカメンチは青森の郷土料理。
> 元は余ったげそで作っていた、
> 浜のお母さんレシピです。

◎ **材料（子ども7〜8人分）**

スルメイカ（可食部のみ）
……210 g
にんじん……60 g
キャベツ……60 g
玉ねぎ……50 g
塩……小さじ 1/2
片栗粉……50 g
小麦粉……適量
揚げ油……適量

◎ **作り方** （調理時間　約20分）

① イカは皮や内臓などを取り、みじん切りにする。フードプロセッサーにかけて細かくしてもよい。

② にんじん、キャベツ、玉ねぎをみじん切りにする。

③ ①と②を合わせて塩を振り、まんべんなく混ぜる。

④ ③に片栗粉を入れて空気を抜きながら混ぜ、形を調える（1人分は約50 g）。

⑤ ④の表面に小麦粉をまぶして、約170℃の ◀……
油で全体がキツネ色になるまで揚げる。

※好みでレタスなど野菜を添えて盛りつける。

ポイント

材料を混ぜるときは順番が大切。最初にイカと野菜を混ぜ、あまり練らないようにする。ここに片栗粉を入れて、よく練る。小麦粉はまぶすだけで、練り込まない。中はみずみずしく、外はカリッと仕上がる。

調味料の役割を極める！

調味料がもつ働きとは？

「調味」とは「味つけ」のことですが、実はそれだけではありません。
素材の細胞を引き締めたり、保存性を高めたりする働きももっています。
その働きを理解することで、理にかなった調理ができるようになります。

細胞を締める調味料

働き：●保存性を高める　●身を引き締める　●臭みを取る　●照りを出す

塩

塩味を与え、甘味を引き出す。素材を引き締める働きがある。塩を強めれば、保存性が増す。

しょう油

間違いやすいが、薄口しょう油は塩分が濃く、濃口しょう油が塩分が薄い。塩と同じように保存性を高める。

酢

殺菌、たんぱく質を凝固する働きがある。酢水にさらすことで野菜のアクが抜ける。

みりん

甘味とうま味が強く、やわらかい素材をかためる。加熱することで、仕上げに照りを出すことができる。

みそ

うま味があり、みそにつけておくことで保存性が高まる。

細胞を緩める調味料

働き：●身をふっくらとさせる　●臭みを取る　など

砂糖

加熱すると、食材がふっくらと仕上がる。食材に直に使うことで、脱水作用もある。

酒

うま味を与え、殺菌作用や臭みを中和する働きがある。酒蒸しでは、湯より早く加熱できる。

冬の魚

魚のうま味が
凝縮された

ブリの
ポトフ

塩の一手間で、
魚の臭みなし！
さっぱりして
おかわりしたくなる
スープです。

◎ 材料（子ども6人分）

ブリ（切り身）……3切れ
塩……適量
玉ねぎ……1個
じゃがいも……2個
にんじん……1本
キャベツ……1/4個
A ｜ 塩……一つまみ
　｜ 薄口しょう油
　｜ ……約小さじ1

◎ 作り方 （調理時間　約50分）

① ブリはさっと水で洗い、しっかり拭く。

② ①を食べやすい大きさに切って、ボウルに入れ、塩 ◀……
をまぶして、ザルに30分ほどおいておく。

③ 玉ねぎはくし切り、じゃがいもは少し大きめ、にん
じんは乱切りにする。

④ 鍋にじゃがいもとにんじんを入れ、やわらかくなっ
たらブリを入れる。

⑤ ブリの表面が白くなってきたら玉ねぎを入れ、ザク
切りしたキャベツを入れる。

⑥ ⑤にAを入れ、キャベツがしんなりするまで煮込ん
だらできあがり。

ポイント

塩は、粒が少し残る程度に混ぜ
ておくとよい。

ほっとする定番の一品

ブリ大根

アラで作ると、
よりおいしいブリ大根。
小骨が少なく、骨から身を
はずす練習にも最適です。

◎ 材料 (子ども8人分)

大根……1本
水……適量
昆布……1枚
ブリ (アラ) ……1本分
酒
……鍋に入れた水の約1/4
砂糖……適量
しょう油……適量
みりん……適量

◎ 作り方 （調理時間 約20分）

① 大根は皮を厚めにむいたあと、厚さ約3cmほど
   のいちょう切りにする。
② 鍋に大根がかぶるくらいの水、昆布を入れ、中
   火でアクを取りながら半透明になるまで煮る。
③ アラは流水にさらしながら血をしっかり洗い、◀‥‥‥‥
   身の中の血も押し出すようにきっちり拭く。
④ 大根をザルに取り、同じ鍋にアラを入れ、酒と
   砂糖を入れてほの甘く加減し、中火でアクを取
   りながら煮る。
⑤ 魚に火が通ったら大根を戻し、5分間で3回く
   らいに分けてしょう油を入れ、塩味を決める。
⑥ 最後にみりんを入れ、味を調えて、沸騰させな
   いように5分煮ればできあがり。そのまま冷ま
   せば、味がよく染みる。

ポイント

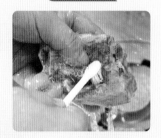

ブリは血の臭いが強い魚。歯ブ
ラシなどで、骨のまわりの血も
しっかり取る。

冬の魚

魚の煮方を 極めよう

おいしい煮魚の作り方

「味が染みない」「煮えたかどうかわかりにくい」などの煮魚のお悩みは、
フライパンで作る方法で解決できます。手軽に煮魚に挑戦してみましょう。

冬の魚

調味料のもつ働きを理解すれば、最初からすべての調味料を合わせておく必要は
ありません。
入れる順序と、その都度の味見をすれば、分量をきっちり量る必要もないのです。
先に酒で蒸したら、一番最初に砂糖を入れます。砂糖は魚の身をやわらかくして
くれるので、そのあとの味が入りやすくなります。
魚に火が通ったらふたを取り、しょう油を3回くらいに分けて入れ、塩味を決め
ます。一度に入れると、外側だけがギュッと締まり、味が中まで染みません。塩
味が決まったら最後にみりんを入れ、煮汁をかけながら、色がつくまで煮ます。
魚が煮汁に浸っていなくても大丈夫。仕上げに火を止めてから、冷めていくとき
に1分ほど煮汁をかけてやると、味も色も深まります。

魚を煮るときの基本のポイント

❶ 煮魚でも大切なのは下処理。
流水でさっと全体を洗い、すばやく水気を拭いておく。

❷ 鍋の中で魚が重なると煮むらができるので、底が広く焦げつかない、
テフロンのフライパンがおすすめ。
ガラス窓のついたふたを使うと、煮加減を確認することができる。

❸ 先に酒蒸しをして、火を通しておいてから調味料を入れる。
先に酒蒸しにすることにより、身がふっくらするので、調味料の味が染み込みやす
くなる。

❹ 調味料を入れる順番を守る。
調味料を入れる順序を守り、そ
の都度味見をしていく。

❺ 煮汁に浸ってなくてもいい。
煮汁をかけながら仕上げると、
魚が浸っていなくても味は染み
込みおいしくできる。

3章

子どもに話したくなる
魚の ヒミツ

魚の旬の時期やおすすめの調理法、
思わず子どもに伝えたくなる、
魚の知識をお伝えします。

どんな魚? イワシを知ろう!

イワシは、プランクトンを食べて成長します。稚魚からすべての段階でほかの魚のえさになり、人間にも食べられる。つまり、海の栄養を食べられるものに変換する役割。そういう意味では、「海の米」ともいえ、極めて重要な魚です。

イワシのよいとこ ③か条

❶ 手に入りやすく、値段も安い
❷ 大きさが手ごろで調理しやすい
❸ 体によい栄養の宝庫

教えて! ウエカツさん

買うときの注意

目に透明感があって、体が太く見えるものを選んでください。パッと見て、小顔に見えるものが体格のいい証拠です。

どんな料理がおすすめ?

イワシは、刺身・塩焼き・煮つけに向いていますが、体によい脂分を失わない調理がいいでしょう。蒸し料理は、向きません。

イワシ(マイワシ)の旬

| 1月 | 2月 | 3月 | 4月 | 5月 | 6月 | 7月 | 8月 | 9月 | 10月 | 11月 | 12月 |

イワシには、マイワシ・カタクチイワシ・ウルメイワシなどの種類があり、これらの旬は梅雨のころから冬にかけて。

子どもにも伝えたい
知ってびっくり! 魚の豆知識

イワシの群れがボールに変身?

イワシは常に何万匹もの群れで泳ぐことで、身を守っています。クジラなどの大型の捕食者に囲まれたときは、群れの形を球状(ベイトボール)に変化させて、より防御を固めます。

タイを知ろう！

古くからお正月や祝い事で食べられるタイ。通常、タイといえばマダイを指します。マダイの美しい紅色は、えさのエビやカニなどの殻に含まれる、アスタキサンチンという色素によるもの。コバルトブルーの斑点があるのも特徴です。

タイのよいとこ ③か条

❶ 味がしっかりしていてうま味が強い

❷ どんな料理にも使える

❸ 魚調理の練習に向いている

教えて！ウエカツさん

買うときの注意

目が澄んでいて、体の色が鮮やかなものが新鮮。切り身の場合は透明感があり、血合いが黒ずんでいないものを選びましょう。

どんな料理がおすすめ？

刺身や塩焼きはもちろん、頭の部分は焼いても煮てもよい。タイのうま味が凝縮される、アラ汁やタイ飯もおすすめです。

タイ（マダイ）の旬

| 1月 | 2月 | 3月 | 4月 | 5月 | 6月 | 7月 | 8月 | 9月 | 10月 | 11月 | 12月 |

1年を通じて漁獲されますが、旬は春と秋。産卵期の春はサクラダイ（桜鯛）と呼ばれてたくさんとれるので安く、秋から冬はモミジダイ（紅葉鯛）と呼ばれ、脂がのっています。

子どもにも伝えたい

知ってびっくり！魚の豆知識

キンメダイはタイじゃない！？

日本には○○ダイと呼ばれる魚が300種も。しかしその中でマダイのようなタイ科の魚はわずか13種。キンメダイは実は別の種類のキンメダイ科で、タイとは異なります。

え!!

タイじゃないの

うそ！

どんな魚? しらすを知ろう！

しらすとは、魚の名前ではなく、色素の少ないイワシ類などの稚魚の総称で、体長1〜2㎝程度のものを指します。たんぱく質やカルシウム・マグネシウムが豊富で栄養満点。釜揚げしらすやちりめんじゃこなどとして、昔から食卓に欠かせない食材の一つです。

しらすのよいとこ **3**か条

❶ 丸々一匹食べられる
❷ カルシウムがたっぷり
❸ 離乳食にも使いやすい

教えて！ウエカツさん

買うときの注意

新鮮なうちにゆでたしらすは、おなかのたんぱく質が縮んで曲がるため、ひらがなの「へ」や「し」の形に曲がったものがおすすめです。

どんな料理がおすすめ？

しらすは、そのまま使える便利な食材。卵焼きやおにぎり、ピザやチャーハンなどにも加えるだけで、うま味がアップします。

しらすの旬

| 1月 | 2月 | 3月 | 4月 | 5月 | 6月 | 7月 | 8月 | 9月 | 10月 | 11月 | 12月 |

しらすの旬は産地ごとに違います。兵庫県では春と秋、静岡県は春から秋にかけて、愛知県では6〜8月ころが旬です。

子どもにも伝えたい
知ってびっくり！魚の豆知識

おなかが赤いしらすは うま味成分が多い

しらすの中には、おなかが赤いものがいます。これは、アスタキサンチンという色素を含むエビ系プランクトンを食べているから。白いものの4倍ものうま味成分が、含まれているそう。

うま味
4倍！

どんな魚? アジを知ろう!

アジは、日本で昔からもっともよく食べられている魚の一つです。ムロアジ、シマアジなど様々な種類がありますが、一番多く食べられているのはマアジ。40cmくらいに成長しますが、とれる時期や地域によってサイズや味が違います。

アジのよいとこ ③か条

❶ 気軽に手に入る
❷ どんな料理にしてもおいしい
❸ 調理がしやすいサイズ

教えて! ウエカツさん

買うときの注意

目に透明感があって、落ちくぼんでいないものを選びましょう。肛門から褐色の汁が出ていない、はらに張りがあるものが新鮮です。

どんな料理がおすすめ?

刺身から塩焼き・揚げ物・干物まで、いろいろな料理に使えて、どれもおいしい! 味がよいからアジという名がついたという説に納得です。

アジ(マアジ)の旬

1月	2月	3月	4月	5月	6月	7月	8月	9月	10月	11月	12月

旬は初夏と冬ですが、ほぼ1年中楽しめます。春から夏は小さいもの、秋から冬には大きいものがおいしくなります。

子どもにも伝えたい
知ってびっくり! 魚の豆知識

マアジには黄色と黒がある?

マアジの中には、幅が狭くてヒレが黒い黒アジと、黄色いヒレをもっている黄アジがいます。DNAはまったく同じですが、黒アジの身は赤みがかっていて、黄アジは白に近い色をしています。

黒アジ　赤みがかっている
黄アジ　白に近い

どんな貝? アサリを知ろう！

小さな身の中に、ビタミンやミネラルがぎゅっと詰まっているアサリ。疲労回復を助けるグリコーゲンも豊富で、旬の時期には含有量が増えます。ほかの貝類に比べてビタミン B_{12} やタウリンを多く含んでいることも特徴です。

アサリのよいとこ **3**か条

❶ ビタミン、ミネラルが豊富

❷ 疲労回復に役立つ

❸ うま味成分たっぷりで、よいだしが出る

教えて！ウエカツさん

買うときの注意

口が開いていないものがよいですが、開いていてもさわって動けば OK。袋詰めなら、中の水が濁ってないものを選びましょう。

どんな料理がおすすめ？

様々な調理が可能な万能食材。酒蒸しやみそ汁・炊き込みごはん・パスタなど、和風にも洋風にも幅広く調理できます。

アサリの旬

| 1月 | 2月 | 3月 | 4月 | 5月 | 6月 | 7月 | 8月 | 9月 | 10月 | 11月 | 12月 |

アサリの旬は、産卵期である春と秋の2回。ゴールデンウイークを過ぎたころからがベストシーズンです。

子どもにも伝えたい

知ってびっくり！魚の豆知識

足には見えないけど足がある！

貝の隙間からにゅっと出る、舌のような部分がアサリの足。器用に伸び縮みさせて砂を掘ったり、移動したりします。形が斧に似ているため斧足類に分類されています。

どんな魚? イナダを知ろう!

イナダは出世魚のブリの幼魚で、40〜60cmほどのサイズに成長したときの呼び名です。関東では、成長段階に応じてワカシ→イナダ→ワラサ→ブリと呼びます。たんぱく質が豊富で、うま味もたっぷり。ビタミンEのほか、DHAやEPAも豊富です。

イナダのよいとこ **3**か条
❶ 価格が安定している
❷ たんぱく質が豊富
❸ 大きく肉が取れるので、調理の幅が広い

教えて! ウエカツさん

買うときの注意
目に張りがあり、背中が深緑のものが新鮮。切り身は血合いの色が赤く、ドリップ（魚から出る水分）がないものがよい。

どんな料理がおすすめ?
焼いたり煮たり、様々な調理方法で楽しめますが、特に、しっかりした歯ごたえを感じられる、刺身やフライがおすすめ!

イナダの旬

| 1月 | 2月 | 3月 | 4月 | 5月 | 6月 | 7月 | 8月 | 9月 | 10月 | 11月 | 12月 |

冬が旬のブリと違って、魚へんに秋と書くイナダは、夏〜秋が旬。養殖ものも多いので、通年出回っています。

子どもにも伝えたい
知ってびっくり! 魚の豆知識

イナダは成長すると行動も変わる

イナダは、次のワラサまでは大きな群れで行動しますが、ブリになると、単独か数匹で行動します。これは、単独でも充分にえさがとれるようになるからだと、考えられています。

サバを知ろう！

どんな魚?

北海道から九州まで、太平洋でも日本海でもとれるサバ。日本で水揚げされるサバには、マサバとゴマサバがありますが、どちらもボリュームがあり、強いうま味をもっています。また、とれる場所と時期で味が大きく変わるため、近年は各地でブランド化も進んでいます。

サバのよいとこ **3**か条

❶ 肉のようなボリュームを味わえる
❷ 年中手に入りやすい
❸ どんな料理にしてもおいしい

教えて！ウエカツさん

買うときの注意

はっきりした青いしまで、はらがかたく、目に透明感のあるものがよい。切り身は血合いの色がよく、ドリップのないものを選びましょう。

どんな料理がおすすめ？

シメサバから塩焼き・煮つけ・唐揚げなど、何でもよしの万能魚。傷みやすいので、下処理をきちんとしてください。

サバ（マサバ・ゴマサバ）の旬

| 1月 | 2月 | 3月 | 4月 | 5月 | 6月 | 7月 | 8月 | 9月 | 10月 | 11月 | 12月 |

1年中手に入りやすいですが、ゴマサバは夏から秋にかけて、マサバは秋から冬にかけてがおいしい時期です。

---子どもにも伝えたい---
知ってびっくり！魚の豆知識

成長が早くて寿命が短いゴマサバ

よく運動し、よく食べるために成長が早く、2〜3年で40cmほどの大きさになるゴマサバ。ただし、マサバの寿命が10年に対して、ゴマサバは6年。寿命が短い魚とされています。

どんな魚? カマスを知ろう！

房総半島から西側、主に太平洋側に住んでいる魚で、ミズカマス・アカカマスがよく知られています。口の大きさと鋭い歯が特徴。イワシなどの群れを追う肉食魚のため高たんぱくで、白身でありながら良質な脂が豊富です。

カマスのよいとこ ③か条

❶ 高たんぱくである
❷ 肉食魚特有のうま味がある
❸ 加熱すると、口当たりがやさしい

教えて！ウエカツさん

買うときの注意

目が澄んでいて、体全体に張りがあり、太っているものを選ぶとよいでしょう。表面が乾燥しているものは避けてください。

どんな料理がおすすめ？

水分が多めのミズカマスは、水分を抜く調理法がおすすめ。干物にしたり、焼いたり、揚げたりする調理法が適しています。

カマス（ミズカマスとアカカマス）の旬

1月	2月	3月	4月	5月	6月	7月	8月	9月	10月	11月	12月

春から夏のカマス（ミズカマス）と、秋から冬にかけてのカマス（主にアカカマス）に分かれます。

子どもにも伝えたい
知ってびっくり！魚の豆知識

人間よりも大きい！？

様々な種類がいるカマス。太平洋や大西洋など、幅広い海域に生息するオニカマスは、体長180cmにも成長する巨大魚です。人を襲うこともあるとか。毒をもっていることがあるので、食べることはできません。

←180cm→

どんな魚? カツオを知ろう!

黒潮にのってやって来て、黒潮に沿って帰っていく「潮の使い」のような魚です。体長は1mほどになりますが、60cmほどのものが多く漁獲されます。ビタミンB群や鉄分がたっぷり含まれていて、ミネラルが不足しがちな夏場にうれしい食材です。

カツオのよいとこ **3** か条

❶ ビタミンB群と鉄分が豊富
❷ だしのうま味が強い
❸ 肉のようなボリューム感がある

教えて! ウエカツさん

買うときの注意

切り身の赤身の部分に透明感があり、灰色がかっていないもので、ドリップのないものを選ぶようにしましょう。

どんな料理がおすすめ?

カツオといえば、刺身やたたき。火を通すと身がパサつきますが、じょうずに下ごしらえすれば、煮つけや揚げ物にもおすすめです。

カツオの旬

1月	2月	3月	4月	5月	6月	7月	8月	9月	10月	11月	12月

春から秋が旬。春のものは「初ガツオ」と呼ばれ、脂が少なくさっぱり。8〜9月の「戻りガツオ」は、脂がのっています。

━ 子どもにも伝えたい ━
知ってびっくり! 魚の豆知識

体の模様が変化する!?

カツオは通常、体に縦じまの模様がありますが、えさを見つけたり、釣りあげられたりしたときは、興奮状態になって、横じま模様に変化します。

どんな魚？ スズキを知ろう！

白身魚として知られ、九州から北日本沿岸に生息するスズキ。暖かい季節には河川を遡上（そじょう）するものもいます。ブリなどと同じく出世魚で、コッパ→セイゴ→フッコ→スズキと呼び名が変化。成長するほどに脂が増しておいしくなります。

スズキのよいとこ ③か条
❶ 高たんぱくで低脂肪
❷ ビタミンA・Dが豊富
❸ さっぱりとして、上品な味わい

教えて！ウエカツさん

買うときの注意

目が澄んでいて、体につやがあり、銀色に輝いて見えるものが新鮮。身に張りがあってかたいもの、頭が小さく太っているものがおすすめ。

どんな料理がおすすめ？

煮物以外なら何でもOK。加熱すると水っぽくなるので、焼くときは5cm幅に切れ目を入れて焼けば水分が落ちて香ばしくなります。

スズキの旬

1月	2月	3月	4月	5月	6月	7月	8月	9月	10月	11月	12月

年間を通じて水揚げされますが、産卵後の春は身がやせています。脂がのっておいしいのは、梅雨時期から夏にかけて。

子どもにも伝えたい
知ってびっくり！魚の豆知識

視力がよくて動きもアグレッシブ！

視力がよく、獲物にすばやく反応するスズキ。色は判別できませんが、動体視力に優れ、獲物のシルエットをはっきり見ることができます。

よく見える！

どんな魚? サシマを知ろう!

秋の味覚を代表するサンマ。細長くて顔が小さく、体長は40㎝前後のものが多いです。北の海でえさをたっぷり食べて栄養を蓄え、南下するにつれて脂を落としていきます。脂ののったものも落ちたものも、いずれもおいしい魚です。

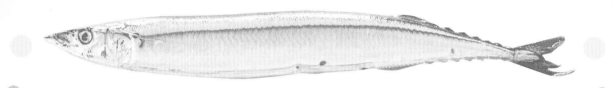

サンマのよいとこ ❸か条

❶ DHA・EPA の不飽和脂肪酸が極めて多い
❷ 旬を感じることができる
❸ 安くて手軽に使える

教えて！ウエカツさん

買うときの注意

体の後ろ部分がやせてなく、幅が広くて小顔に見えるものがよい。口と尾ビレのつけ根が黄色いものは、脂がのっています。

どんな料理がおすすめ？

脂ののったサンマは、焼いたり煮たりするのがおいしく、脂の落ちたものは、刺身や酢の物で食べるのがおすすめです。

サンマの旬

1月	2月	3月	4月	5月	6月	7月	8月	9月	10月	11月	12月

店先には8月くらいから並ぶこともありますが、最盛期は9～10月。出始めのころより値段もさがり、買いやすくなります。

━ 子どもにも伝えたい ━
知ってびっくり！魚の豆知識

サンマには胃がない！

サンマには胃がなく、食べものを数十分で消化・排泄します。さらに、えさを食べない夜間に漁がおこなわれるので消化物が入っておらず、内臓もおいしく食べられるというわけです。

サケを知ろう！

どんな魚？

川で生まれ、山の栄養を海へ運び、大きくなると海の栄養をもって川に戻ってくるサケ。その後卵を産み、死んでしまう親サケが、今度は山や川の栄養になります。山と海の栄養を循環させる大きな役割を担う、すごい魚です。

サケのよいとこ 3 ヵ条

❶ 免疫力向上のための栄養素がたっぷり
❷ うま味がしっかりある
❸ 調理法が多い

教えて！ウエカツさん

買うときの注意

ドリップが少なく、血合いが鮮やかなものが新鮮です。身の色が透き通った、オレンジ色のものを選びましょう。

どんな料理がおすすめ？

おにぎりの具や朝ごはんの定番にもなるサケは、どんな調理法でもおいしい肉みたいな魚。うま味があって臭みもなく、栄養も満点です。

サケの旬

1月	2月	3月	4月	5月	6月	7月	8月	9月	10月	11月	12月

旬は秋。1年を通じていつでも食べられるのは、秋にとった魚を塩づけなどにして保存しているからです。

子どもにも伝えたい
知ってびっくり！魚の豆知識

サケはオレンジ色なのに白身魚!?

魚は、筋肉中の血色素の量で赤身か白身に分けられます。サケはこの量が少ないので実は白身。身がオレンジ色なのは、赤い色素をもつオキアミなどを食べているからです。

どんな魚? カジキを知ろう!

大きいものは4m、小さいものでも1mと大型なので、店頭では一尾の姿は見られません。上あごが鋭く長いのが特徴です。肉質も食感も鶏のむね肉に近く、口の中でほどける、とても食べやすい魚です。

カジキのよいとこ **3**か条

① 肉のようにボリュームがある
② 食感も肉に似ていて食べやすい
③ 手に入りやすく調理もしやすい

教えて! ウエカツさん

買うときの注意

切り身の場合、表面のつやがよいもの、血合いが黒くないもの、切り身の角がはっきりしているものが新鮮です。

どんな料理がおすすめ?

肉のような魚なので、焼き物にしても揚げ物にしてもボリューム満点。まさに園の大量調理に向く素材の代表といえます。

カジキの旬

| 1月 | 2月 | 3月 | 4月 | 5月 | 6月 | 7月 | 8月 | 9月 | 10月 | 11月 | 12月 |

カジキの種類にもよりますが、旬は秋から翌年の初夏にかけて。スーパーマーケットなどにはほぼ1年中並びます。

子どもにも伝えたい
知ってびっくり! 魚の豆知識

**バショウカジキは
時速100kmで泳ぐ!**

時速
100km!

バショウカジキの突進速度は時速約100kmともいわれ、25mプールを1秒かからずに泳ぎ抜ける速さ。水中でもっとも速く泳ぐことができる動物として、ギネスブックにも載っています。

どんな魚？ カレイを知ろう！

北方系の魚で沖縄には少ないですが、日本のどこででも手に入りやすい魚です。その種類はなんと50種以上。秋から冬が旬のアカガレイは、60cmほどの大きさに成長します。周囲の色に合わせて、体の色を変化させることができるのも特徴です。

カレイのよいとこ ❸か条

❶ コラーゲンがたっぷり
❷ 鋭い小骨がなく食べやすい
❸ 種類が豊富で、手に入りやすい

教えて！ウエカツさん

買うときの注意

白くふやけていないもので、肉が厚く、ドリップのないものを選びましょう。身がかたく、臭みが少ないものが新鮮です。

どんな料理がおすすめ？

身ばなれがよいので、子どもでも食べやすく、煮物や焼き物がおすすめ。皮の臭みが強いので、下処理をしっかりしておくことが大切です。

カレイ（アカガレイ）の旬

1月	2月	3月	4月	5月	6月	7月	8月	9月	10月	11月	12月

種類によりますが、アカガレイやマガレイ・ナメタガレイ・アサバガレイ・ソウハチガレイなどは、秋から冬が旬です。

子どもにも伝えたい
知ってびっくり！魚の豆知識

成長とともに 目が移動する！

はらを下にすると、右側に両目があるのがカレイの特徴。でも、生まれたときはほかの魚同様、左右に目があります。成長とともに片方の目が反対の目に近づいていくのです。

マグロを知ろう！

どんな魚?

長距離を泳ぐ能力をもち、「高度回遊魚」と呼ばれるマグロ。北半球にはクロマグロ、南半球にはミナミマグロ、赤道を含む両側にメバチ・キハダ・ビンナガというように、幅広い海域に生息しています。

マグロのよいとこ 3か条

❶ DHA や EPA が豊富

❷ 冷凍もあり、一年中店頭に並んでいる

❸ 部位ごとに違った味を楽しめる

教えて！ウエカツさん

買うときの注意

ドリップのないさくを選びましょう。白い筋が入っていないほうがよいですが、加熱調理には筋ありが向いています。

どんな料理がおすすめ？

脂ののった部分や赤身は刺身、骨がある部位は塩焼きや煮つけにも。ほお肉や尾に近い筋肉は、唐揚げにしてもおいしいです。

マグロの旬

1月	2月	3月	4月	5月	6月	7月	8月	9月	10月	11月	12月

一年中出回っていますが、春はキハダ、夏はミナミ、秋はメバチ、冬はクロマグロの順に旬を迎えます。

子どもにも伝えたい
知ってびっくり！魚の豆知識

マグロもメダカも卵は同じサイズ!?

最大3mまで成長するというクロマグロ。しかし、その卵はわずか直径1mmほどと、体長3cmくらいになるメダカの卵と同じくらいのサイズ。成長の早さにびっくりです。

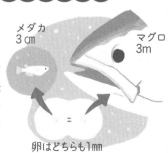

メダカ 3cm
マグロ 3m
卵はどちらも1mm

どんな魚？ ワカサギを知ろう！

九州以北の湖や河川の下流域などに生息する、体長10cmくらいの魚。大きいものだと、16cm以上に成長するものもあります。うろこが少なく骨もやわらかいので、小さいものや新鮮なものなら、腹わたを気にすることなく丸ごと食べられます。

ワカサギのよいとこ ③か条

❶ 丸ごと食べられる
❷ 処理が簡単
❸ 値段が手ごろで、手に入りやすい

教えて！ウエカツさん

買うときの注意

表面につやがあり、はらが銀色に光っているものが新鮮。体に張りがあり肛門から汁が出ていないもの、はらが破れていないものが◎。

どんな料理がおすすめ？

丸ごと食べられる天ぷらやフライがおすすめです。つけ焼きにしてもよく、骨も全部食べられるので、カルシウムがたくさんとれます。

ワカサギの旬

1月	2月	3月	4月	5月	6月	7月	8月	9月	10月	11月	12月

旬は冬。極寒の中、氷の張った湖などに穴を開け、釣り糸を垂らすワカサギ釣りは、冬の風物詩にもなっています。

子どもにも伝えたい
知ってびっくり！魚の豆知識

将軍に献上された ワカサギ

ワカサギは漢字で公魚と書きます。これは江戸時代、徳川家に年貢として霞ヶ浦のワカサギが献上され、御公儀の魚（将軍家御用達の魚）とされたことに由来しています。

どんな魚? タラを知ろう!

海の深いところに住む深海魚。タラの胃袋は大きく、何でもよく食べるので、「たらふく食う」という表現はここからきています。タラは、「たらふく」食べておいしい肉を蓄える、北海の重鎮的魚です。

タラのよいとこ ❸ か条

❶ 高たんぱく、低カロリー
❷ 身が取りやすく、小骨が少ない
❸ 火の通りが早く、味が染みやすい

教えて! ウエカツさん

買うときの注意

ドリップが少なく、切り身の切り口が新しいものが新鮮。皮の模様が残っているものがよい。臭みが出やすいので、必ず下処理をしましょう。

どんな料理がおすすめ?

厚切りにしたタラのフライは、格別のおいしさです。火が通るほどに香ばしい風味が出るので、鍋や煮込み料理にも向きます。

タラ（マダラ）の旬

| 1月 | 2月 | 3月 | 4月 | 5月 | 6月 | 7月 | 8月 | 9月 | 10月 | 11月 | 12月 |

産卵を終えて体力が回復する7〜8月ころが味覚の旬。卵をもって浅瀬にあがってくる冬に、漁獲の旬を迎えます。

子どもにも伝えたい
知ってびっくり! 魚の豆知識

銀ダラはタラじゃない?

銀ダラは漢字で「銀鱈」と書きますが、タラの仲間ではなく、カサゴ目ギンダラ科に属する魚。見た目や味はタラに似ていますが、まったくの別物で、タラより脂がのっています。

どんな魚? サ**ワ**ラを知ろう!

これまでは、瀬戸内海や房総半島、若狭湾でしかとれませんでしたが、水温の上昇により、青森から九州まで、ほぼ1年中とれるようになったサワラ。20年前までは高級魚でしたが、今は手に入りやすくなっています。

サワラのよいとこ **3**か条

❶ 青魚の中でも不飽和脂肪酸が豊富
❷ 加熱後、冷めてもかたくならない
❸ 高級魚だったが、手に入りやすくなった

教えて! ウエカツさん

買うときの注意

血合いの部分が茶色くなっているものはNG。切り身は、断面につやがあること、ドリップのないものを選びましょう。

どんな料理がおすすめ?

みそと酒粕に漬け込んだ西京焼きや刺身・揚げ物などがおすすめ。冷めてもかたくならないので、お弁当にも向いています。

サワラの旬

| 1月 | 2月 | 3月 | 4月 | 5月 | 6月 | 7月 | 8月 | 9月 | 10月 | 11月 | 12月 |

漁獲の旬は産卵期の春。一方、脂がのって味がよくなるのは冬場で、春よりも高値で取引されています。

─ 子どもにも伝えたい ─
知ってびっくり!魚の豆知識

サワラも名前が変わる出世魚

サワラはブリなどと同様、成長とともに呼び名が変わる出世魚。関東では50cm以下のものをサゴシ、50cm以上をサワラと呼びます。その間にヤナギという呼び名が入る地域も。

サゴシ

大きくなると名前が変わるよ!

サワラ

どんな魚？ イカを知ろう！

日本で食用にされているイカは約10種。ヤリイカ・ケンサキイカなど様々な種類がありますが、中でも特に親しまれているのがスルメイカです。スルメイカは肉食で、イカの中でも活動的。ときには自分と同じくらいの大きさの魚も、食べてしまいます。

イカのよいとこ **3**か条

❶ 高たんぱく、低カロリーのヘルシー食材
❷ 疲労回復によいタウリンが豊富
❸ 和洋中なんでも合う

教えて！ウエカツさん

買うときの注意

漁獲後、白→茶色→灰白色に変化するので、白〜茶色なら新鮮。胴体は古くなると内臓ごとつぶれるので、膨らみのあるものを選びましょう。

どんな料理がおすすめ？

新鮮なものが手に入れば、生はもちろん、ゆでても焼いてもおいしい。煮るならイモ類との相性が抜群。揚げるときはフライがおすすめです。

イカ（スルメイカ）の旬

| 1月 | 2月 | 3月 | 4月 | 5月 | 6月 | 7月 | 8月 | 9月 | 10月 | 11月 | 12月 |

スルメイカは夏と冬、ヤリイカは冬から春、コウイカは晩秋から春が旬。種類によっておいしい時季が異なります。

子どもにも伝えたい
知ってびっくり！魚の豆知識

イカには心臓が3つもある！

スルメイカをはじめ、イカには心臓が3つもあります。イカは天敵に襲われると、体内から水を噴射して高速で逃げるので、ポンプとなる強力な心臓が必要なのです。

どんな魚? ブリを知ろう!

ブリは出世魚といわれ、成長段階によって、ワカシ→イナダ→ワラサ→ブリと名前が変わり、地域によってその呼び名も変わります。40cm前後のものをハマチと呼ぶ地域もありますが、関東ではハマチ＝養殖のブリを表すことが多いです。

ブリのよいとこ 3か条

① 寒ブリで季節を感じることができる
② 体によい不飽和脂肪酸のオメガ3がたっぷり
③ サイズによって様々な味を楽しめる

教えて! ウエカツさん

買うときの注意

ドリップが出ていないもの、切り口の角が立っているもの、血合いの部分が褐色になっていないものを選びましょう。

どんな料理がおすすめ?

大きなブリは、加熱したときにコクのある味に仕上がります。噛むほどに味が出てくるので、刺身や塩焼き、煮物や汁物もおすすめです。

ブリの旬

1月	2月	3月	4月	5月	6月	7月	8月	9月	10月	11月	12月

ほぼ1年中とれますが、冬がブリ、夏はイナダが旬。冬にとれる寒ブリは、たっぷりえさを食べて脂を蓄えています。

― 子どもにも伝えたい ―
知ってびっくり! 魚の豆知識

ブリは赤身だから回遊できる!?

ブリの身は一見白身に見えますが、筋肉の血液中の血色素量が多いので、実は赤身。この身の特徴が、長時間回遊してえさを食べられるという性質に関係しています。

旬は1回とは限らない

「旬」とは、「もっとも盛りの時季、そのありさま、味わい」のこと。野菜や果物はハウス栽培が盛んになり、肉は畜産技術が進んで、1年中安定したものが手に入るようになりました。

対して、魚はほとんどが天然ですから、当然1年のうちでおいしい時季と、そうでもない時季があります。

そして、魚には「漁獲の旬」と「味覚の旬」

があります。一般的には、産卵に向けて栄養を蓄えているころと、たっぷりえさを食べて回復したころがおいしい時季といわれていて、これは魚種によっても異なります。このため、魚の旬は年に2回あることもあり、1回とは限らないのです。

そして、このおいしい時季とたくさんとれる時季が重なったときこそが、安くてうまい最高の旬というわけです。

サンマの場合
漁獲の旬と味覚の旬が異なる場合

漁獲の旬　9〜11月

サンマは、"秋刀魚"と書くので秋の魚と思われがちですが、これはよくとれて安いから。この時季は、漁獲の旬となります。

味覚の旬　8〜10月

脂がのっておいしいのは、北海道沖に漁場がある晩夏から秋口。その後、三陸から千葉県沖へと群れが南下するほどに、脂を落としていきます。

アジの場合
1年に旬が2回ある場合

1回目の旬　5〜6月

産卵に向けてたっぷりえさを食べて、栄養を蓄える時季。アジの場合は地域にも差がありますが、おおむね5〜6月ごろが旬になります。

2回目の旬　1〜2月

初夏に産卵を終えたアジはえさを食べに回遊し、冬場に2回目の旬を迎えます。ただ、このときは初夏より漁獲量は少なくなります。

4章

園でできる
魚 de 食育

魚を題材にした食育活動は、気軽にできないと
考えていませんか？　簡単にできて、
魚が好きになる食育活動を紹介します。

骨克服レッスン

　「魚は骨があるから嫌い」という子どもがいますが、これは保護者の思い込みであることも多く、「骨は悪者」という先入観を植えつけている可能性があります。

　そのため、子どもは骨を噛むおいしさをひとたび覚えてしまうと、噛める骨と噛めない骨をしぜんにより分けられるようになります。まずは食べやすい魚から試したり、やわらかい骨を食べてみたりして、「骨が食べられる」ということを知らせましょう。

中央の
かたい骨は
食べられない。

尾やえんがわの
やわらかい骨は
食べられる。

Let's try 魚レッスン①
骨のある魚を食べてみよう！

1 ## 煮干しを用意する

小さいものから大きいものまで様々な大きさを準備しましょう。

2 ## あごを動かす練習をする

左右にあごを動かして、歯で骨をすりつぶす動きの準備運動をしておきます。
保育者が、手で歯の動きをまねて見せながらおこなうとよいでしょう。

3 ## 小さな煮干しから挑戦する

小さな煮干しの、しっぽから食べてみます。

4 ## 順に食べ進めていく

小さいものから順に食べていき、徐々に骨を食べることに慣れていきましょう。

> **Point**
>
> 煮干しはしっぽから食べていくのがポイント。頭から食べていくと頭の苦みや中央のかたい骨が食べにくく、骨嫌いを克服しにくくなってしまいます。

子どもの味覚を育てよう！

　以前、赤ちゃんにいろいろなものをなめさせてみると、だしをなめたとき母乳と同じ表情になる、という写真入りのレポートを見たことがあります。だしとはまさに「命をつなぐもの」であり、その質と安全を味わい分けるのが「味覚」です。

　様々な食材の中で、だしの質と安全を判別するためには、「感じることの受容体」である、舌の細胞が育たなくてはいけません。それを支えるのが「味の体験」であり、体験外の味は避けるようになってしまいます。これが“好き嫌い”につながります。離乳食のときから、様々なだしを味わうことで、子どもの味覚は着実に育っていきます。

Let's try 魚レッスン②
・・・だしの味比べをしてみよう！・・・

1 昆布のだしを味わう

だしの基本である昆布のだしを味わってみる。

2 かつお節のだしを味わう

次に、かつお節のだしを味わってみる。昆布のだしと比べてどんな味がするか、それぞれのだしの味をじっくり感じてみる。

3 かつお節のだしに昆布のだしを入れて味わう

昆布とかつお節の味をしっかり味わったあと、かつお節のだしに昆布のだしを加える。

発展 基本の味に慣れてきたら、野菜から出るだしも味わってみます。まずは、野菜を煮出した味を感じたら、次は昆布と野菜、かつお節と野菜の合わせだしを味わってみましょう。

だしを味わうことで、好き嫌いのない子に育てよう！

私は子どもが3人いますが、離乳期にありとあらゆる "だし"、いわゆるゆで汁を、味をつけずになめさせました。食材単品のそのものの味を、伝えたかったからです。私たちは、初めて食べるものをおいしいと感じれば、その味を好きになります。

おいしさとは、手の込んだ料理から生まれる複合的な味より、素材そのものを味わい、その喜びを一緒に分かち合えるかどうかです。食材そのものの味を幼いころからきちんと伝えてきたので、私の子どもたちは、食べず嫌いがまったくありません。魚を苦手に感じる子どものほどんどは、魚の本当の味やうま味を知らないだけではないかと思います。

離乳期は、生きていくために何を口にすればいいのかを、体が学習する大切なときです。食育は頭ではなく体から、ということがよくわかりますね。

だしの基本 その1　おいしいだしの取り方

① 生から取る場合
（魚のアラや生の肉、野菜や米など）

水から鍋に入れて、沸騰したらアクを取って火を弱め、汁に透明感が出るまで煮出す。

② 乾物から取る場合
（かつお節や煮干し、昆布、干ししいたけなど）

沸騰させた湯に入れて、アクを取って火を弱め、汁に透明感が出るまでゆっくり煮出す。

どちらもだしが取れたら火からおろして、静かに放置。かき混ぜると雑味が出るので要注意。具材が沈んだら、ザルでこすか、すくい網で取り出せばできあがり。

だしの基本 その2
だしの法則

すべての食べものに、だしが含まれています。かつお節や昆布で取るとは限らないので、複数のだしを合わせ、うま味の足りないところを補い合うと、さらにおいしいだしとなります。

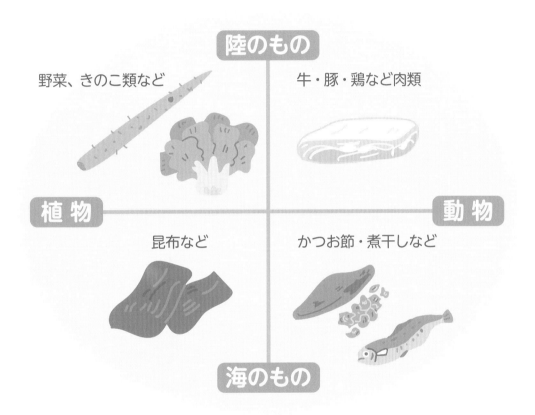

陸のもの

野菜、きのこ類など

牛・豚・鶏など肉類

植 物

動 物

昆布など

かつお節・煮干しなど

海のもの

超簡単レシピ

\\ 忙しい朝におすすめ //
スピードだしのお吸い物

たった1分でも、だしのおいしさを感じることができる1杯。朝の忙しいときも、ほっとするおいしさです。

材料／お椀1杯分

- 昆布 ……………… 3cm角1枚
- かつお節 …………… 2つまみ
- 梅干し ………………… 1個
- 熱湯 ………………… 適量
- 薬味(ねぎや大葉など) …… 適量

作り方

①お椀に昆布・かつお節・種を取ってつぶした梅干しを入れる。

②①に熱湯を注ぎ、1分待つとおいしいだしが取れる。

③好みで薬味を散らせばできあがり。もうひと味ほしいときは、薄口しょう油か塩を少々入れる。

はしを使って
魚を食べてみよう！

　はしを使えるようになった子どもでも、魚をはしで食べることは中々むずかしいもの。

　身を取るのがむずかしい魚をはしで無理やり食べさせてしまっては、はしを使うのが嫌いになってしまうこともあるでしょう。

　魚をはしで食べるレッスンをするなら、身ばなれがいい、骨が大きい魚がおすすめです。

はし使いがじょうずになる魚レシピ

切り身の場合
焼きガレイ（P.49参照）

カレイは鋭い小骨がなく、骨から身をはがしやすい魚のため、子どもがはしを使って食べやすい魚。煮物や焼き物がおすすめです。

一尾の場合
ワカサギの塩煎り（P.53参照）

塩水で煮ることで身が締まり、身がバラバラにならないので、骨から身をほぐしやすく、一尾の魚を食べるのに最適です。

魚を食べるには、はしが一番!!

　はしにはたくさんの機能があり、運ぶ・混ぜる・すくう・切る・ほぐす・押さえる・はずす・つまむなど、たくさんの動作ができます。魚を食べることは、はしの機能をたくさん使って食べることになり、はし使いがじょうずになるというわけです。

はがす 魚の皮の一端をつまみ、引くようにしてはがすことができる。

ほぐす はし先を広げるようにして、細かくほぐすことができる。

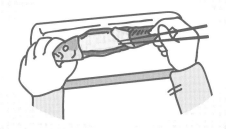

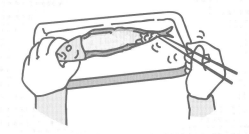

はずす 身と骨の間にはしを入れて、横にすべらすようにして身を骨からはずすことができる。

つまむ 細かくほぐした身をつかむことができる。

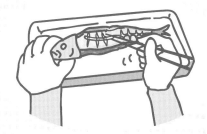

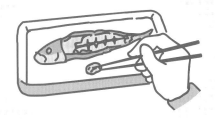

運ぶ つかんだ食べものを口に運ぶことができる。

いただきま〜す!

魚の情報を保護者に伝えよう！

食育活動は、園と家庭が一緒になって取り組むことが大切です。食事提供やおやつ、クッキング活動などを通して、魚のおいしさを子どもから伝えることも一つの方法ですが、食事の試食会や園だよりなどで、直接保護者に伝えていくことも大事なことです。

試食会で魚の料理を提供しましょう！

園の試食会は、大いに活用しましょう。これまでも伝えてきたように、魚料理が苦手な人は多くいますが、実際に食べておいしいとわかれば、興味・関心をもってもらえるはず。園で魚を購入している魚やさんも伝えてあげれば、魚やさんも喜ぶでしょう。これこそ、園が地域社会との関わりを大切にしていることにもつながります。

園だよりで魚のレシピを紹介しよう！

子どもたちに人気の魚料理を紹介してみましょう。コロナ禍において外食の機会が減り、家庭で食べる機会が増えている今こそ、興味をもって読んでもらえるチャンスです。子どもたちのお手伝いポイントなどもあれば、紹介してみるのもいいですね。

P.97 から園のおたよりで使える文例とイラストを紹介しています。ぜひ、魚の情報を園から発信してください！

おたよりや献立表に大活躍！

お魚 イラスト＆文例

季節や旬に合わせたイラストと
文例を掲載しています。
食育だよりや献立表の作成に
ぜひご活用ください。

春

旬の魚介

サクラエビ

桜色で見た目にも春らしく、日本の主な産地である駿河湾沿岸では、サクラエビを干す光景が春の風物詩になっています。乾物は年中食べられますが、生や釜揚げで食べられるのは旬の時季だけです。料理に用いると見た目が鮮やかになり、風味も増します。

旬の魚介

しらす

しらすは主にイワシ類の稚魚のことを指し、春先にはマイワシのしらすが最漁期を迎えます。さっとゆでたものを「釜揚げしらす」、乾燥させたものを「しらす干し」や「ちりめん」と呼びます。頭や尻尾も丸ごと食べるため、骨を強くするカルシウムがたくさんとれます。

魚クイズ

Q. 桜でんぶは、何の魚でできている？

①タラ　②マグロ　③カツオ

A 正解は①。「でんぶ」は「田麩」と表記し、魚肉などを使った加工品の名称です。その中で淡いピンク色に着色したものは「桜でんぶ」と呼ばれ、タラやタイなどの白身魚が原料。ちらし寿司や巻き寿司の彩りに使われています。

魚介を使った郷土料理

東京・深川めし

東京の深川地区（現在の江東区）は、江戸時代、漁師の町でした。魚介類・のりなどが豊富で、春先にはアサリがたくさんとれました。アサリのむき身を煮たものをごはんの上にのせた「深川めし」（アサリの炊き込みごはんも同じ名で呼ばれています）は漁師の日常食でしたが、現在も地域の名物として親しまれています。

ひな祭りに ハマグリのお吸い物

ひな祭りの行事食の一つに、ハマグリのお吸い物があります。昔から二枚貝は姫（女の子）を意味していましたが、特にハマグリは、対になっているものでなければ貝殻がぴったり合わないことから、仲のよい夫婦を表し、一生一人の人と連れ添うようにという願いが込められるようになりました。

旬の魚介
トビウオ

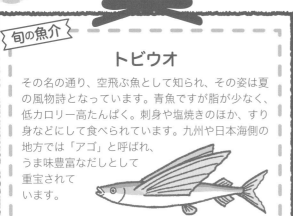

その名の通り、空飛ぶ魚として知られ、その姿は夏の風物詩となっています。青魚ですが脂が少なく、低カロリー高たんぱく。刺身や塩焼きのほか、すり身などにして食べられています。九州や日本海側の地方では「アゴ」と呼ばれ、うま味豊富なだしとして重宝されています。

旬の魚介
タコ

タコ焼きや寿司に使われるマダコの旬は、6～7月です。疲労回復の作用があるタウリンが含まれ、夏バテ予防に効果があるといわれています。関西では夏至から11日目の半夏生にタコを食べる風習があり、農作物がタコの吸盤のように大地に根づくことを願います。

魚クイズ

Q.イナダは何の魚の成長過程の呼び名？

①**スズキ**　　②**ブリ**　　③**ハマチ**

A 正解は②。地域によって呼び方が様々ですが、関東ではワカシ→イナダ→ワラサ→ブリといわれています。ハマチは関西で多く呼ばれ、養殖のものを天然のブリと区別してハマチと呼ぶ場合もあります。

魚介を使った行事食
夏の土用にウナギ

土用の丑の日にウナギを食べるのは、一説には江戸時代に平賀源内が、夏に売れないウナギを売るためにこの風習を根づかせたとあります。ウナギには疲労回復の作用があり、ビタミンB群が豊富。夏バテしやすい時季に適した食材といえます。

魚介を使った郷土料理
宮崎県・冷や汁

アジなど旬の魚を焼いてほぐし、すり鉢ですったものをみそと混ぜて焼き、それをだしでのばしたものに、きゅうり・青じそなどの薬味を加え、温かいごはんにかけて食べます。起源は鎌倉時代といわれ、宮崎県内では地域ごとに特色のある味が伝えられています。

アニサキスに注意しましょう

アニサキスは寄生虫の一種で、その幼虫が魚介類の内臓に寄生しています。アニサキスによる食中毒を防ぐために、内臓がついた魚はなるべく早く内臓を取り除き、マイナス20℃で24時間以上の冷凍、または70℃以上での加熱をしてから食べるようにしましょう。

秋

旬の魚介

サンマ

秋の味覚を代表する青魚で、体が細長く刀のような形であることから、漢字では「秋刀魚」と表します。8月から10月がもっとも脂がのった時季で、塩焼きが定番の食べ方です。鮮度がよければ、刺身で食べることもできます。日本では半分以上が、北海道で水揚げされています。

旬の魚介

カレイ

50種以上が生息していて、手に入りやすい魚です。秋から冬に旬を迎えるのは、アカガレイやマガレイ・ナメタガレイです。コラーゲンがたっぷりなので、ぜひ子どもに食べてほしい魚です。煮つけ・揚げ物・焼き物・刺身と様々な食べ方が楽しめます。

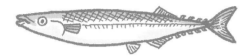

Q. サケの卵は次のうちどれ？

①カズノコ　②タラコ　③イクラ

A 正解は③。カズノコはニシンの卵、タラコはタラの卵です。サケの卵は10月くらいになると成熟し、11月くらいになると粒が大きくなります。しょう油づけにして、丼や寿司に使います。

魚介を使った郷土料理

北海道・サケのちゃんちゃん焼き

もともとは漁師が食べていた料理で、半身のサケを使い、季節の野菜や山菜と一緒に蒸し焼きにし、みそで味つけしたものです。サケに火が通ったら身をほぐし、野菜と混ぜ合わせながら食べます。「ちゃんちゃん」の由来は、「ちゃっちゃっ」と作れるからといわれています。

 ## 秋の魚を食べよう

秋は魚に脂がのる時季です。魚は、たんぱく質・脂質のほか、ビタミンも多く含まれ、栄養も豊富。魚は苦手な子もいますが、食卓にのぼることで旬の時季ならではのおいしさを知り、はし使いや作法を学ぶチャンスにもなります。

鮮度のいい魚の選び方

サンマやアジなど丸ごとの魚の場合は、目が澄んで透明感があり、身が締まって弾力のあるものを選びましょう。切り身の場合は、身に透明感とつやがあり、変色しておらず、パックにドリップ（魚から出ている水分）がたまっていないものを選んでください。

冬

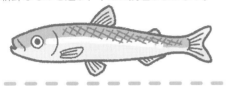

旬の魚介
ワカサギ

冬の寒い時季、寒冷地の池や湖では、氷上でワカサギ釣りをする様子が見られます。味は淡白で子どもでも食べやすく、天ぷらなどの揚げ物にすると骨までおいしく食べられます。傷みやすいので、身がかたい新鮮なものを選び、早めに調理しましょう。

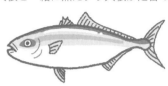

旬の魚介
ブリ

地方によって呼び名は違いますが、成長するにつれて呼び名が変わる出世魚です。冬に脂ののったものは「寒ブリ」と呼ばれ、もっともおいしい時季といわれています。照り焼きや大根と一緒に煮たブリ大根が定番の食べ方で、甘辛い味は子どもも食べやすく、ごはんも進みます。

魚クイズ

Q.節分に用いられる魚は？

①サンマ　②アジ　③イワシ

A　正解は③。地域によって使い方は様々ですが、食べたり飾ったりされています。焼いたイワシのにおいは鬼が苦手とするもので、飾りには魔除けの意味が込められています。

冬の食中毒に注意しましょう

冬はノロウイルスが原因の食中毒（感染性胃腸炎）が、非常に増える季節です。ノロウイルスは、ウイルスが付着した手でさわった食べもの、カキなどの二枚貝を食べた場合や、感染者の飛沫などで感染します。感染予防のために、手洗い・うがいを心がけましょう。

魚介を使った郷土料理
山形県
どんがら汁

庄内地域の冬の味覚として親しまれている、寒ダラ（マダラ）を使った郷土料理。「どんがら」とはアラを指し、寒ダラのアラを煮る汁物であることから、こう呼ばれています。寒ダラの頭から尾、肝や白子まですべての身を鍋に入れて煮込みます。

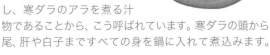

節分に
イワシを食べよう

イワシには独特の臭みがあり、焼くとさらにそのにおいが強くなります。また、煙もよく出ることから、鬼が苦手とするにおいと煙で鬼を追い払うために、節分にはイワシを飾るだけでなく、食べる風習が根づいたといわれています。

5章

魚 de 食育
実践園レポート

魚をテーマにした食育活動に取り組む
4園の実践例を紹介します。
ぜひ参考にしてください。

煮干しの手作り体験で
食べものへの感謝の気持ちが育ちました

生のアジをさばいて、
煮干しを手作りする過程を体験。
だしのうま味の奥深さを知ると同時に、
食材を余すことなく使うことの大切さを
感じる経験となりました。

神奈川県相模原市
社会福祉法人さがみ愛育会　幼保連携型認定こども園
愛の園ふちのべこども園
園長：松岡裕
〒252-0206　神奈川県相模原市中央区淵野辺 1-16-5
TEL：042-752-2123

子どもの小さな疑問から
煮干し作りがスタート

　1950 年ころから栄養士を採用していた記録が残っている愛の園ふちのべこども園では、長年、食を大切にした取り組みを続けています。ある日の昼食後、「今日のみそ汁、おいしかった！　どうやって作ったの？」と年長児が食育スタッフに問いかけたことを発端に、『煮干し作りプロジェクト』が動き出しました。

　まずは、だしをとる食材を知ることからスタート。昆布・煮干し・かつお節を、見てさわって食べてみたところ、「臭い」「かたい」「苦い」「いいにおい」など、率直な

感想がたくさん聞かれました。そのあとは、食育スタッフがそれぞれの食材からだしを取る様子を観察。煮干しは頭とおなかを取って水から入れる、かつお節はお湯から入れるなど、取り方の違いに気づく子もいました。

　味見をする際には、「透明な容器に入れると、色の違いがわかりやすいのでは？」という保育者のアイデアを取り入れて、4種類のだしをドリンクバーのように並べました。子どもたちが楽しみながら試飲できただけでなく、残量からどのだしが人気だったかを知ることもできました。

だしが取れる食材を調理員が紹介。かつお節はその場で削って見せました。

ドリンクバー方式で、好きなだしを試飲しました。

ぼくは、昆布のだしが一番好き！

魚を手でさばく体験が
残さず食べる気持ちをはぐくむ

　次に、煮干し作りへと進みます。まずは、食育スタッフがアジを3枚におろす様子を間近で観察し、ウロコがパチパチ跳ねる音や、包丁で切ると血が出てくることを知りました。続いて、子どもたち自身が豆アジを手でさばくことにも挑戦。約8割の子が魚にさわった経験がなく、最初は「かわいそう」「痛そう」「怖い……」という声が聞こえましたが、食育スタッフがそばで見守る中、全員が自分でさばくことができました。

　おろした豆アジは煮たあと乾燥させ、4日後に煮干しの完成です！　できあがった煮干しは、芋煮汁のだしにして味わうことになりました。様々な体験を経て、だしを取ったあとの食材を捨てるのはもったいないと考えるようになっていた子どもたち。保育者から、粉末にすれば残さず食べられることを聞き、「骨まで食べられるの!?」と大興奮したそうです。

　粉末にした煮干しが丸ごと入った芋煮汁に、子どもたちは満足顔。器の底に残った黒い粒を見つけて、「これがアジだよ！」とおいしそうに飲み干していました。

だし作りが
園と家庭がつながるきっかけに

　おいしいだしを家族にも食べさせてあげたいという子どもたちの気持ちを受け、「だしペット」も作りました。ペットボトルに水と昆布・煮干し・かつお節を入れて一晩おくだけで、安全・手軽にだしが完成します。子どもたちは、自由に好みの素材を配合し、自分だけの「だしペット」を持ち帰りました。

　後日、だし作りに関する保護者の意識を調査したところ、家庭でもだしを積極的に取り入れたいと考えていることがわかりました。だし作りが、子どもたちが魚やだしの魅力を発見する機会になっただけでなく、家庭との連携のきっかけにもなりました。

ママが喜んでくれるといいな！

自分や家族の好きな味をイメージして、
素材を選んで「だしペット」を作りました。

豆アジの 煮干し&だし作り

わっ。頭が取れたよ

全員が豆アジを
手でさばきました。

さばいたアジは4日間乾燥。
毎日観察しました。

煮干しはミキサーで粉砕。
丸ごと芋煮汁に使います。

自家製煮干しを使った
芋煮汁は大満足の味わい。
みんな完食しました。

魚は切り身で泳いでる??
子どもの疑問から学ぶ
命の大切さとは……

東京都大田区
社会福祉法人蒲田保育園
第三蒲田保育園
園長：加藤保
〒144-0047 東京都大田区萩中 2-13-16
TEL：03-3742-1600

子どもの何気ない疑問をきっかけに、
魚を使った食育活動を実施。
命をいただいていることを知り、
「おいしい」の中に「命の大切さ」「ありがとう」の気持ちが芽生えました。

子どもの疑問から、イワシを使った食育活動がスタート

第三蒲田保育園では、数年前からクッキングや食事マナーなど「楽しく食べる」ことを大切にした食育活動に、保育者と栄養士が連携しながら取り組んできました。

ある日の昼食時間、3歳児クラスの子どもから「魚はこのまま（切り身の状態で）海で泳いでいるの？」という質問が。今の時代、そんなふうに考える子どもがいるとは聞いてはいたけれど、自園で耳にするとは……。驚きながらも、栄養士はこれをチャンスととらえ、当初の年間計画にはなかった魚を題材にした食育活動をおこなうことにしました。

子どもたちに生のイワシを丸ごと見せることから、活動は始まりました。

手でさばくことができ、間近で観察しやすいことから、イワシを題材にすることに決定。最初に、栄養士が生のイワシを子どもたちにお披露目。「口の中は、

お魚、冷たくてやわらかいよ
ドキドキしながらも、そっとやさしくイワシにふれる子どもたち。

どんなふうになっているのかな？」と尋ねながら口の中を見せると、「歯が生えてる！」と気づく子どもも。自分の体と魚の共通点を探しながら、怖いけど見てみたいと興味深い様子です。やさしくていねいに魚を持って、観察する姿が見られました。

イワシを開く様子を観察し、「命をいただく」ことを実感

続いて、栄養士が手開きでイワシを開いて見せます。頭を取っておなかを開いていく様子を目にして、「かわいそう……」という声があがりました。悲しげな表情を見せる子もいて、心の中で様々な感情がゆらいでいる様子が伝わってきました。

開いたイワシは、フライパンで焼き、しょう油で味つけをして試食します。栄養士がイワシを焼いている間、保育者がイワシの本を読み聞かせました。卵から孵化す

イワシを開く様子をすぐそばで見学。
「かわいそう」とつぶやく声も聞かれました。

手開きする様子を
真剣に見つめる子どもたち。

焼きあがったイワシを試食。
香ばしいおいしさに、「もっと食べたい！」
という声が飛び交いました。

る様子や、海の中で群れになって泳いでいる様子、人間の目には見えないプランクトンという小さなえさを食べて生きていることなどを知りました。

　部屋の中に香ばしいにおいが広がったら、いよいよイワシの試食です！　「いいにおいがしてきた」「早く食べたい！」と心待ちにしていた子どもたち。焼きたてのイワシを口にすると、「フワフワしてるね」「もっと食べたい！」と、笑顔とともに様々な感情を言葉で伝えてくれました。

「いただきます」の意味を知り、感謝する気持ちが芽生える

　最後に、「いただきます」という言葉、そして「命をいただく」意味について、「丸ごと一尾のイワシ」と「手開きされたイワシ」を前に、栄養士から話を聞きました。神妙な面持ちで静かに話を聞く子どもたちの姿から、これまでの「おいしい」「楽しい」という気持ちの中に、命を大切にする思いや食べものに感謝する思いが芽生えたことを、栄養士も保育者も感じました。

　子どもたちの声や気づきに寄り添い、五感に働きかける活動は、子どもたちの心を動かし、命のつながりを知る機会となりました。

イワシの一生を描いた絵本を
読み聞かせてもらい、みんな興味津々。

魚の解体見学を体験し
残さず食べる気持ちも 芽生えました

シイラを解体する様子を間近で観察。
牛を解体する仕事を描いた絵本にもふれ、
どんな食べものにも命があること、
感謝していただくことの大切さを知りました。

東京都新宿区
社会福祉法人幌北学園
下落合そらいろ保育園
園長：新沼佳子
〒161-0032 東京都新宿区中落合 2-7-5 1 階
TEL：03-3565-5050

牛を解体する仕事についての絵本を
子どもたちは興味深く読んでいました。

絵本を入り口に感じた、 食べものにもある命の存在

　コロナ禍の中で、安全確保を第一に考えながら、工夫して食育活動に取り組んできた下落合そらいろ保育園。年長児クラスの2020年度の食育目標を「自然の恵みの大切さ、命をいただく意味を知る」と決め、実体験を通して子どもたち自身が考え、感じられるような取り組みを計画しました。

　取りかかりとして、牛を解体して食肉にする仕事を題材に、命をいただくことを描いた絵本を用意。年長児には少しむずかしい内容・表現の絵本ながら、進んで読もうとする姿が見られました。「命をいただく」ということは、命を解く※ことから始まるということを、おぼろげながらも理解するきっかけとなりました。

※牛や豚といった動物を殺し、食肉解体作業をすること。

魚の解体を目の前で見学し、 命を食べることへの感謝を知る

　絵本の次に保育者が計画したのは、魚をさばく過程を子どもたちに見せることです。解体には、シイラを使うことに決定。解体することを子どもたちに伝えてからは、魚のメニューが出るたびに、図鑑で魚について子どもたちと調べるようにしました。「切り身になる前はどんな形だったのかな？」などと、保育者が問いかけながらページをめくります。「サバは銀色なんだね」「アジって、種類がたくさんあるんだ！」と、会話がどんどん広がります。そんなことをくり返すうちに、魚に興味をもつ子どもが増えていきました。

　魚の解体当日、まずはシイラの口の中や背ビレなどを

今日のお魚は
どれかな？

昼食で魚が出た日は、
魚の図鑑を開くのが
習慣になりました。

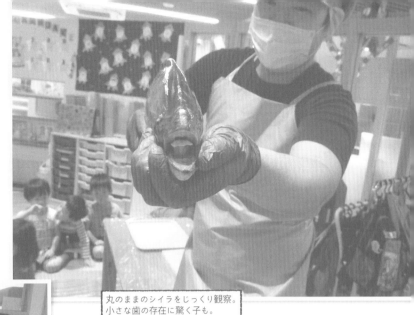

丸のままのシイラをじっくり観察。
小さな歯の存在に驚く子も。

シイラをさばく様子にじっと見入る子どもたち。
素直な感想がたくさんあがりました。

解体されたシイラを前に、
子どもたちは神妙な面持ちに。
「命」の存在を実感しました。

じっくりと観察。途中、「早く、お水の中に戻してあげないと息ができないよ」と訴える子もいました。

観察後は、いよいよ調理員がシイラをさばきます。その様子を目の当たりにして、「血が出てきたよ……」「痛くないのかな」と、素直な思いを口にする子どもたち。自分の気持ちや考えを表現することが苦手だった年長児クラスの子どもたちが、素直な気持ちを発言する姿に成長を感じたと、保育者は話します。

解体のあと、食卓に並ぶ食べものには命があること、「いただきます」という言葉の中に「ありがとう」の気持ちを込めることの大切さなどを、保育者が伝えました。

魚の解体見学が、食への興味と前向きな気持ちをあと押し

その日の昼食は、サバのみそ煮です。それまでは魚が苦手で食べられなかった子が少しずつサバを食べる様子が見られました。保育者が声をかけると、「今日は全部食べられるよ！」と笑顔で返答。解体の様子を間近で見学した経験が、残さず食べようとする気持ちを芽生えさせたようでした。

魚だけでなく、どんな食べものにも命があることを知った子どもたち。その後、食に向き合う姿勢にも変化が見られるようになりました。

魚の観察から魚拓まで
様々な活動で魚が
グッと身近になりました

１年を通して、魚にまつわる
様々な計画やイベントを実施。
保護者にも参加してもらうことで、
子どもだけでなく保護者も、
魚に興味を抱く機会が生まれました。

神奈川県横浜市
社会福祉法人久良岐母子福祉会
くらき永田保育園
園長：鈴木八朗
〒232-0072 神奈川県横浜市永田東 2-5-8
TEL：045-711-8900

五感をフル活用して観察し、
魚の魅力を発見！

　くらき永田保育園では、家庭で魚料理が登場する機会が減少していることを受け、子どもにとっても保護者にとっても魚がもっと身近な存在になることを目指して、『さかなプロジェクト』を立ちあげました。いくつかのテーマを設けて、保育者と調理スタッフが協力して多彩な活動をおこないました。

　「煮干し」をテーマにした取り組みでは、煮干しのだしのにおい当てクイズや、虫めがねを使った煮干しの観察、しらすとの食べ比べなどを体験。小さな目や骨の存在に気づいたり、「海のにおいがするよ！」と思い思いの言葉で表現したり、魚についてたくさんの発見ができました。

　魚を「さばく」ところから見せる機会も設けました。料理店を営む保護者を講師に迎えて、保育者たちが子どもの目の前でカワハギをさばきます。カワハギのユニークな顔や、ざらざらとした皮の様子に子どもたちは興味津々です。初めは「かわいそう……」と言っていた子も、保育者と一緒に皮をはぐと、白い身が現れたことにびっくり。最後は、焼いたカワハギのおいしさに「おいしい〜！」「おかわりはないの？」という言葉が飛び交いました。

煮干しのにおいをクンクン。

海のにおいがするね！

目が見えた！！

虫めがねで煮干しをじっくり観察。

カワハギの触感やにおいに驚く子どももいました。

魚のさばき方は、料理店を営む保護者が教えてくれました。

食べるだけじゃない！
魚拓で魚の姿形もグッと身近に

この『さかなプロジェクト』では、保護者を巻き込んで魚拓体験も楽しみました。保護者に魚の持参をお願いして集まった100匹以上の魚を前に、子どもたちは大興奮！

目を輝かせて魚を選ぶと、墨をつけて魚拓に挑戦です。「口の中には小さな歯がいっぱい！」「しっぽには線が入っているよ」などと観察しながら、それぞれの魚拓作りに夢中に。最後は、みんなの魚拓を縫い合わせて3m以上もある大作を完成させました。

さらに、保護者にも魚を身近に感じてもらおうと、園の昼食に使われる魚の情報をカードにまとめて掲示したり、魚料理の簡単レシピを配布したり、魚の缶詰料理レシピの人気コンテストを実施したり……。魚にまつわる多彩な取り組みを、家庭を巻き込んで幅広くおこないました。当初は、「子どもにとって必要なことをおこなう」というスタンスの食育活動でしたが、保護者や地域の方にも影響を与える活動となりました。

プロの協力で干物作りも体験
家族ともおいしさを共有

「干物」をテーマにした取り組みでは、干物やさんの協力を得て、一人ひとりが自分のアジの干物を作りました。アジをさばいて塩水に浸け、翌朝まで脱水シートにはさんでおくと干物の完成です。途中、「なぜ干物にするの？」「なぜ塩水に浸けるの？」などの質問があり、子どもたちの好奇心が刺激されていることが見て取れました。

そのあと、すでにできあがっていた干物を少しずつ試食。「皮がカリカリ！」「おいしいね〜」とニコニコ顔で味わいました。子どもたち自作の干物はおみやげとして持ち帰り、家庭で手作り干物のおいしさを堪能してもらいました。

生魚にふれるのは初めての子どもがほとんど。興味津々です。

ここにかたい骨があるよ

スーパーマーケットでは見かけない魚もあり、子どもたちはワクワク♪

みんな慎重に墨を塗って、きれいな魚拓が取れました。

109

魚の旬カレンダー

魚の種類	1月	2月	3月	4月	5月
イワシ（マイワシ）					
タイ（マダイ）	●	●	●		
しらす				●	●
アジ（マアジ）	●				●
アサリ			●	●	●
イナダ					
サバ（マサバ・ゴマサバ）	●				
カマス（ミズカマス・アカカマス）			●	●	●
カツオ				●	●
スズキ					
サンマ					
サケ					
カジキ	●	●	●	●	
カレイ（アカガレイ）	●	●	●		
マグロ（キハダ・ミナミ・メバチ・クロマグロ）	●	●	●	●	●
ワカサギ	●	●	●		
タラ	●	●			
サワラ			●	●	●
イカ（スルメイカ）	●	●			
ブリ	●				

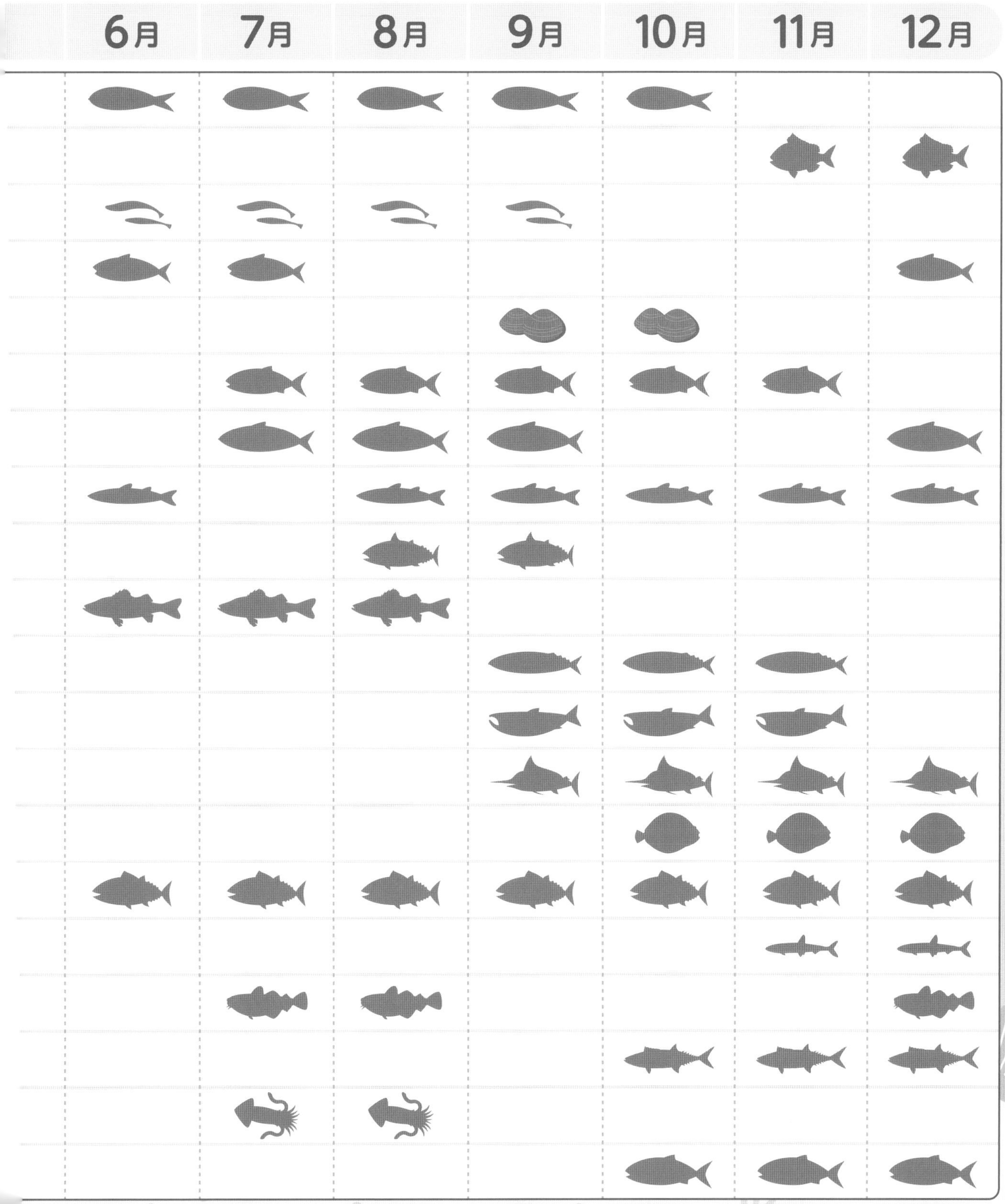
6月
7月
8月
9月
10月
11月
12月

著者紹介　上田勝彦 (うえだ かつひこ)

株式会社ウエカツ水産代表取締役
東京海洋大学客員教授

1964年島根県生まれ。長崎大学水産学部卒業後、漁師を経て水産庁勤務。2015年より現職。「魚の伝道師」として日本各地を訪れ、日本の食卓と魚をつなぎ直すべく、料理講習や講演、テレビや雑誌などのメディアで、魚を食べることの意味を発信している。

●スタッフ

撮影……………………中川真理子・花田真知子
デザイン…………………岡部志保・鈴木利枝子
本文イラスト……………池田蔵人・島田夏穂・Nabeco
編集協力…………………川田隆子・岡崎彩子・田上幸代・宮後佳世

ウエカツさん直伝！
子どもが食いつく魚レシピとヒミツ
2022年2月1日　初版発行

著者　　　　　上田勝彦
発行人　　　　竹井 亮
編集人　　　　上原敬二
編集担当　　　松浦真弓
発行・発売　　株式会社メイト
　　　　　　　〒114-0023　東京都北区滝野川7-46-1
　　　　　　　電話　03-5974-1700(代)
　　　　　　　http://www.meito.jp
製版・印刷　　図書印刷株式会社

ISBN978-4-89622-473-3